平田良介

メッセージBOOK

―自然体主義―

平田良介著

廣済堂出版

Dragons
C
6
SUZUKI

C
Dragons
6
中日新

Dragons
ドラゴンズ

COLANCOLAN
Dragons SINCE 1936 76

SUZUKI

C
Dragons
6
46
SUZUKI

AKAHASHI
3
C
Dragons
Dragons
22

6

Dragons
C
6

Dragons
53
Dragons
C
6

COLANCOLAN

C
Dragons
6
SUZUKI

RYOSUKE HIRATA MESSAGE BOOK

平田良介

メッセージBOOK

—自然体主義—

まえがき

自由奔放《ほんぽう》にプレーするスタイルで、チャンスで打順が回ると勝負強いバッティングを見せる——それが、僕・平田良介というプロ野球選手に対して、多くのファンのみなさんがいだいているイメージでしょうか？　きっと、大阪桐蔭《とういん》高校時代に夏の甲子園で1試合3本塁打を記録したことや、中日ドラゴンズに入団後もプロ入り初本塁打がサヨナラホームランだったり、その後も2試合連続でサヨナラ弾を打ったりするなど、派手なシーンに偶然恵まれてきたことで、自然と定着してきたのでしょう。

確かに僕自身、ごくまれに「なにかを持っているかも？」と思ったことはありました。しかし、正直なところ、自分ではよくわかりません。自ら「勝負強い」と積極的に声をあげて、自分を鼓舞《こぶ》することもあります。でも、実際には、普段の「僕らしさ」を出しながら試合でプレーをすることが楽しくて、勝手に体が動き、結果的に「勝負強さ」につながっているのかもしれません。それは、野球を始めた小学生のころから、プロ野球選手となった現在になっても変わっていないですね。もちろん、プロでは作戦も複雑なため、いろいろとプレーに制約がかかることはありますが、隙《すき》あらば「なにかオモロイことをやったる！」と常に考えていて、機会を虎視眈々《こしたんたん》とうかがっています。

その意味では「自然体」というのが、僕を表す言葉としては、いちばん近いのかもしれません。この本で、そんなありのままにすごしてきた僕の野球人生や主義・スタイルを紹介することで、読んだ人も肩の力が抜けて「自然体」になれたら、うれしいです。

ちなみに、僕は野球と同じくらい、ゲームやマンガが大好きです。おそらくどのプロ野球選手よりも造詣《ぞうけい》が深いと自負しています。この点については、野球よりも自信ありです（笑）。「あってどうすんねん？」とツッコまれそうですが、結婚して家族との時間を大事にしようと決心するまでは、野球とともにずっと日常生活に根づいていた大切なものですから、仕方ありません。この本においても、ゲーム、マンガの話題は、当たり前のように何度も登場してきますが、それも僕の「自然体主義」のなせる業《わざ》です。どうか、広い心で受け止めていただけたら幸いです。

平田良介

まえがき……18

第1章 関西の子ども 23

11年目にしてやっと得た自信……24
大阪のヤンチャ坊主……28
父の厳しい指導……33

私が見た「平田良介」の素顔
荒木雅博 内野手……39

第2章 スポーツ万能 43

ハイレベルな世代……44
陸上部での躍動……48
モテ期到来!?……51
『パワプロ』からつながるプロ野球……54

私が見た「平田良介」の素顔
大野雄大 投手……59

目次
Contents

第3章 大阪桐蔭の力 63

新入生の苦難と感謝……64
最強のチーム……69
最後の夏、大阪の夏……72
甲子園の思い出……75

私が見た「平田良介」の素顔
高橋周平 内野手……78

チームマスコットドアラとの思い出写真集……96

私が見た「平田良介」の素顔 番外編
チームマスコットドアラ……97

第4章 野球＝仕事へ 99

右肩の故障からドラフトへ……100
プロの洗礼……105
ようやく見えた光明《こうみょう》……111

私が見た「平田良介」の素顔
大島洋平 外野手……115

第5章　趣味を極める　119

ゲーム好き……120
人が持っていないものを選ぶ……123
チームメイトと焼肉……127

私が見た「平田良介」の素顔
亀澤恭平 内野手……133

第6章　自然体で行く　137

自分のバッティングを確立……138
盛り上げる力……143
未来に向けて……148

私が見た「平田良介」の素顔
森野将彦 内野手……152

あとがき……155
サイン……157
年度別成績ほか……158

第1章 関西の子ども

11年目にしてやっと得た自信

「リョースケー、ヒーラーター！」

2016年3月5日。慣れ親しんだナゴヤドームでコールされた僕は、一塁側ダグアウトを勢い良く飛び出しました。そして、ファウルゾーンで僕が来るのを待ち構えていたチームマスコットのドアラとハイタッチ。「パーン！」と叩《たた》いた力でドアラがクルクルと回り続けていましたが、それは無視して（笑）、大歓声で迎えてくれたライトスタンドに軽く手を振りながら、ライトのポジションにつきました。

日本代表「侍ジャパン」対台湾（チャイニーズタイペイ）との国際強化マッチ。「JAPAN」のユニフォームは、何度着ても気持ちの底から湧《わ》き上がるものがあります。

先発のマウンドに上がったのは、読売ジャイアンツのエース・菅野智之《すがのともゆき》。バッティングオーダーは、大阪桐蔭《とういん》高校の後輩である中田翔《なかたしょう》（北海道日本ハムファイターズ）が4番に座り、15年に打率3割2分9厘、38本塁打、34盗塁という数字を残して「トリプルスリー」を達成した山田哲人《てつと》（東京ヤクルトスワローズ）や、翔とＪＡＰＡＮの4番を争う筒香嘉智《つつごうよしとも》（横浜ＤｅＮＡベイスターズ）など、トップクラスのメンバーがクリーンナップを固めています。そんなチームの中、僕は6番打者として出場。第1打席で四球を選び、9番・中村悠平《ゆうへい》（東京ヤクルト）のレフト線二塁打で先制のホームを踏むと、3回裏には二死二、三塁というチャンスで打席が回ってきました。

台湾の先発投手は、左腕の王溢正《ワン・イイゼン》（元横浜ＤｅＮＡ）。初球、スライダーが高めに抜けて1ボールになったあと、次の外角のボールゾーンへ逃げていくシンカー系の球種に体が反応。少し前のめりになりながらもうまく拾うことができた打球は、セカンドの後方、右中間に落ちる2点タイムリーヒットとなりました。

また、7回から出場した、翌日の京セラドーム大阪での第2戦では、4対1で迎えた9回表、一死満塁のチャンスで打席に。カウント1－1からの外角のストレートに対して、このときもいい形で体が動き、ライナーでライト線に打ち返すことができました。打球がライトポール付近のフェンスまで転がるあいだに、僕は迷うことなく三塁に到達。走者一掃するタイムリー三塁打に、思わず右手を上げました。

よっしゃ！　今年はいい感じで行けるぞ――。

05年10月のドラフト会議で中日ドラゴンズから1位指名を受けて入団して以来、はや10年。この日からおよそ3週間後の3月25日から始まる11年目のシーズンを迎えるにあたり、今までのプロ生活でなかなか得られることがなかった「やれそうな自信」を感じつつある自分がいました。

そうなんです。もう、長いことプロでプレーしていながら、正直なところ、ここまでの確固たる自信を持てたことはありませんでした。

大きな転機となったのは、15年秋に日本と台湾で共催された世界野球「WBSCプレミア12」でした。日本代表の一員として全8試合中7試合で先発出場した僕は、この大会で大活躍した翔に次ぐ打率4割2分3厘を記録しました。世界一が求められた大会で、準決勝の韓国戦にサヨナラ負けを喫して3位に終わったことは本当に悔しかったですが、僕個人としては、国際大会である程度納得のできる成績を残せたことで、前年まで試行錯誤の連続だった技術やメンタルに対して、ようやく「これだ」と思える感覚をつかめたような気がしていたのです。

そして、年が改まり、自主トレ、キャンプ、オープン戦を経ての台湾戦で、「その感覚は間違いない」と、確認することができました。今は大事な場面でも、トップレベルのピッチャーの投球に体が自然と反応し、イメージどおりの打球が飛ばせる確率は上がってきていると思います。

思えばプロ野球の世界に入る以前の僕は、なにをするにも自由奔放《ほんぽう》に、「自然体」でやっていたような気がしています。もちろん、野球においても同じ。大阪桐蔭高校時代までは、プレッシャーを感じることなくプレーを楽しんでいました。

それがプロ野球というレベルの高い世界に入って、なかなか思うような結果を出せなくなったことで自信を失い、長きにわたって手探りの状態が続いていたわけですが、僕の原点は「自然体」でプレーすること。プロとして仕事を遂行《すいこう》するという責務を負っているとしても、やはりこれに尽きると、改めて気づきました。

その最初のスタート地点は、おそらく自宅の目の前の公園を集合場所にしていた少年野球チーム「関目《せきめ》ジュニアスター」でプレーしていた小学生のころでしょう。

まずは、そこまでさかのぼって、僕の野球人生を振り返っていきたいと思います。

大阪のヤンチャ坊主

大阪府大阪市の、梅田から少し東側に位置する城東《じょうとう》区で運送業を営む家の長男として生まれた僕・平田良介は、日曜日の朝になると自宅の目の前にある公園から響いてくる大きなあいさつの声に興味を持ちました。その公園は、僕にとっては幼少のころからかけずり回っていた「ホームグラウンド」です。そして、日曜日は近所の少年野球チーム「関目ジュニアスター」が練習グラウンドや試合へ向かう前に集合していた場所でした。いやでも家に響いてくるあいさつの声が小学生になる前から気になっていた僕は、よく外に出てその様子を見たりしていました。

「気をつけ！　礼！」

キャプテンの号令で、一列に並んで帽子をとった球児たちが「おはようございまーす！」と、あいさつをする。僕はなぜか、このシーンを「メッチャ、オモロイ！」と気にいっていたのを覚えています。その後、近所に住んでいた幼なじみのマンちゃんと公園で遊んでいたときにチームの人から勧誘され、小学校に入学すると同時に、２人とも「関目ジュニアスター」に入ったのは、ある意味当然の成り行きでした。

ちなみに、マンちゃんというのは、現在、横浜ＤｅＮＡでプレーしている萬谷康平《まんたにこうへい》です。子どものときの家がすぐ近くで、今は２人ともプロ野球選手というのは、珍しいことかもしれませんね。小学生のころに同じチームでプレーしていて、その後プロで活躍している２人と言えば、田中将大《まさひろ》（ニューヨーク・ヤンキース）と坂本勇人《はやと》（巨人）が有名ですが、僕らのほうが、より近所ではないでしょうか。マンちゃんとはジュニアスターでバッテリーを組むようになり、マンちゃんがピッチャーのときは僕がキャッチャー。僕がリリーフするときは、マンちゃんがキャッチャーへ。少年野球の世界ではよくある、「バッテリー間で交代」をよくしたものです。

それにしても同じ環境で育ちながら、僕の現在の身長が１７７センチに対して、マンちゃんは１８５センチ。マンちゃんは、細かったですけど、途中から身長がぐんぐん伸びましたね。僕も小学校の６年生の時点で１７０センチを超えるくらいはあったので、それほど負けてはいなかったんですけど、高校生になったころに止まりました。ただ、父に似て筋肉質だったこともあり、僕は小学生のときから腕立て伏せをよくやっていて、腹筋も早くから割れていました。マンちゃんは細身だったので、筋肉では僕のほうが勝っていましたね。

ジュニアスターでの野球は、シンプルに楽しかったです。実を言うと、チームに入る前までは、僕は遊びでも野球をしたことがありませんでした。グラブも持っていなかった。ただ、もともと体を動かすのは大好きで、家の前の公園で走り回っていたから、すんなりとなじめました。ジュニアスターの練習は毎週日曜日だけだったので、野球の楽しさを知ってからは、平日、学校が終わったあとも友だちに声をかけて向かいの公園に集まり、カラーバットとカラーボールで遊ぶようになりました。

ここで話が終われば、ごく普通の野球少年なのですが、小学生時代の僕の遊びには、もう1つなくてはならないものがありました。それはテレビゲームです。学校が終わると、いつも決まって僕の家に集合して、野球をせずに家でゲームをするパターンもよくありました。当時やっていたゲーム機は「ニンテンドー64」です。友だち同士で遊ぶときは、『マリオカート』『ゴールデンアイ』『大乱闘スマッシュブラザーズ』といったソフトで遊ぶことが多かったですね。野球のゲームでは、『実況パワフルプロ野球』はもちろんプレイしていましたけど、友だちとは対戦せずにいつも1人でやっていました。チームづくりをしながら長丁場を戦う「ペナントモード」がメインだったので、友だちが帰ったあとの夜の楽しみにしていたのです。

また、このころの僕は、外に出たときに実はけっこう血の気が多い一面もありました。小学生時代は、アウトドア、インドアともこなす「ヤンチャな少年」だったのです。ただ、僕だけが特別目立っていたかというと、そこまではなくて、いかにも「関西の子ども」という感じだったと思っています。

「関西の子ども」のイメージって、わかりにくいですかね？　うーん。例えば、自動車が後ろから迫ってきても避けません。「ひけるものなら、ひいてみぃ」という態度です（笑）。そして、クラクションを鳴らされたら「なんやねん？」って顔で睨《にら》む。そんな感じの生意気なガキでした。実は、今でも実家に帰ると、まわりにはそんな雰囲気が漂っていて、車を運転している僕が睨まれています。そんなとき、「俺も、こんなんやったんやなぁ」と、実感しています（笑）。

そんな子どもばかりだったので、小学校の先生はみな大変だったと思います。とくに、小学3～4年のときにクラスの担任だった寺本直美先生にはご苦労をおかけしました。今思えば、当時の年齢は20代で、かなり若い女性の先生でしたが、身長が160センチ以上あって、腕力もけっこう強く、パワーのある人でした。口グセは、「私はSMAPの木村拓哉さんと結婚する」です(笑)。

一度、クラスのある男の子がまわりとちょっとモメて、ハサミを投げてしまったことがあるんです。幸いにもハサミは誰にも当たりませんでしたが、壁に突き刺さりました。すると、寺本先生はすぐさまその子のところへ駆け寄り、胸ぐらをつかんで足が浮くくらいの高さまで持ち上げました。今そんなことをしたら、きっと大問題になっていますが、そのくらい熱を込めて子どもに接する先生でした。叱るときもただ感情的になるのではなく、相手のことを思って叱る。僕もよく叱られましたが、そのたびに、先生の情熱を感じ、なにをするにも「気持ちを出す」ことの大切さを学びました。寺本先生とは僕がプロ野球選手になった現在も交流があって、たまに食事をしています。会うたびに「平田、デカなったなぁ」と言われています。

ちなみに勉強についていては、それほど得意ではなかったですが、小学校のときはごく平均的にはできていました。習い事は、習字などに長く通っていましたね。

体育は得意でしたが、水泳だけ苦手で、今でも25メートル泳ぐのが精一杯です。最初はいいんですけど、進んでいくと途中からなぜか沈んでいくんですよね。クロールで泳いでいると、腕を水面から出るくらい上げているはずなのに、途中から腕が水から出なくなります。トレーニングメニューがプールでの水泳となったときは、けっこう地獄です(笑)。

父の厳しい指導

話を野球に戻すと、小学校3年生になったときに、ジュニアスターの練習で大きな変化がありました。それまで日曜日だけだった練習を、平日の夜にも行うことになったのです。20~21時までの1時間。練習場所は、僕の家の前の公園でした。もちろん、ちゃんとした野球の施設はありませんから、公園の街灯《がいとう》を頼りに素振りをしたり、走ったり。ネットを張ってティーバッティングをすることもありました。

そして、もう1つ。なんとこのころから、父がジュニアスターのコーチになったのです。父について、今一度紹介しておくと、大阪で運送業を営んでいることは先述したとおり。家の1階が事務所になっていて、少し離れた場所にトラックの駐車場があり、外国人の従業員も雇っていました。僕が覚えている従業員はブラジル人のカルロスです。数年間勤めたので、僕とも交流がありましたが、母国のブラジルに帰るころにはすっかり麻雀《マージャン》にハマっていました。「イーソー（麻雀牌《パイ》の索子《ソーズ》の一《イー》）！」とか言ってましたからね（笑）。たぶん、うちの父親の「教育」でしょう。父は「麻雀は頭の体操になるので、ボケ防止にいい」と、今でも話しています。

また、当時の父の風貌《ふうぼう》は、金髪でパンチパーマをかけていたので、見た目は「ヤンキーっぽい優しいおっさん」という感じでした。今はさすがに黒髪で、城島健司《じょうじまけんじ》さん（元シアトル・マリナーズ、阪神タイガースなど）のような角刈りにしていますけどね。普段は気さくにしゃべってくれるし、たいていのことはなにも言わないですけど、ひとたび怒ると大変なことになる。ひと言で言うと「昔のオヤジ」タイプです。

そんな父がジュニアスターのコーチとなると、僕に対する接し方は、それまでならめったになかったはずの「怒りモード」になったのです。今思えば、ほかの選手に息子と慣れ合うところを見せるわけにいかなかったのだろう、と理解できますが、当時の僕にとっては、「なんでやねん⁉」でした。

とくに6年生のときには、僕がチームのキャプテンになったこともあって、さらに厳しくなりました。平日の夜練では、街灯の明かりだけであまりボールが見えないというのに、120キロクラスの速球に変化球を織りまぜ、防具もつけていないキャッチャーの僕にビュンビュンと投げてきました。それを捕れなかったら、怒られる。父は野球経験者ではないのですが、学生時代にラグビーをしていて筋骨隆々《きんこつりゅうりゅう》だったので、技術はなくとも、筋肉と気合いで速い球を投げていました。

しかも、コーチの父だけでなく、監督も厳しかったんですよ。監督はひと言で言うと……「オニ！」ですかね。怒られるときは、バットのグリップエンドの部分を頭の上から「コン」と落とすんですが、これが頭からほんのちょっとしか浮いていないのにメッチャ痛かったです。ただ、監督はいいプレーをしたときには、逆にすごくほめてくれましたね。それによって、「もっと頑張ろう」という気持ちにもさせてくれました。

実を言うと、僕は小学生時代に3回ほど、チームをやめそうになったことがあります。理由は夜練にありました。父のコーチが厳しすぎたから？　いえいえ、それでやめたいとは思いません。もっと重大な理由として、僕は夜20時から放送されているテレビの音楽番組『ミュージックステーション』がどうしても見たかったんです！　きっと10人中10人から「そんな理由かい！」とツッコまれそうですが、当時の僕にとっては切実でした（笑）。

そこで、思いきって、「夜練は行かない」と父に宣言しました。すると父は、僕にひと言だけ言いました。

「じゃあ、（野球を）やめろ」

そう言われたので、自宅からすぐ近くに住んでいる監督の家にユニフォームを持っていって、父のときと同じように監督に伝えました。

「僕、野球やめます」

「なんでや？」

「夜練したくないんで」

「そんなんでやめる必要なんてない」

このようなやりとりが、小学生のときに都合3回ありまして……。結局、3回とも監督の説得によりチームをやめなかった僕は、『ミュージックステーション』をその都度あきらめ、夜練に参加し続けました。やめる、やめないはどの球児にもありうる（この理由は僕だけ？　笑）小さな事件ですが、あのとき、監督が正式にチームをやめることを受け入れてしまっていたら、僕の人生は変わっていたと思います。実家の運送業を継いでいたかもしれません。監督が止めてくれたから、今も野球ができていると感謝しています。

そして、僕自身、根本的には野球が好きだったということも、もちろんあります。チームメイトの仲間たちとワイワイ楽しくプレーするのも大好きでした。

夜練では厳しかった父も、試合ではチームを盛り上げるのがうまくて、練習や試合中に父が号令をかける声出しは、いつもすごく盛り上がりました。まず、父が「ファイトー――！」と、雄叫《おたけ》びをあげると、フィールドにいる選手全員が声を揃《そろ》えて「いっぱーつ！」と叫ぶんです。栄養ドリンクのCMのマネですね（笑）。当時はチーム内でそれが決めごとになっていて、このかけ声で気合いが入りました。試合のときは、相手チームの選手やベンチが、「いったい、なんなん？」と、呆然《ぼうぜん》としていることがあって、その様子を見るのも楽しかったです。

「関目ジュニアスター」は、僕が5年生と6年生のときに1度ずつ地域の大会で優勝して、大阪府の大会に出場しました。ジュニアスターが所属していた地域には、ほかに「古市《ふるいち》スカイラブ」「関目東ライオンズ」「ブラックジャガーズ」など、少年軟式野球で名の知れたチームがたくさんあったので、地域の中で勝ち上がるのは大変なことでした。中学、高校と上がっていくと、さらにすごい選手たちに出会っていくことになりますが、それはまた次章以降で。

僕自身は、5年生のころから本格的に体が成長し、6年生のときには身長171センチ、68キロと、いい仕上がり具合（笑）になっていました。そのため、当時から「普通の選手よりも力があるな」と自覚するようになり、昨日より今日、今日より明日というステップで野球がうまくなり、そして楽しくなっていった時期でした。

私が見た「平田良介」の素顔
COLUMN

MASAHIRO ARAKI

荒木雅博 内野手

「平田は純粋な心の持ち主。真のチームリーダーになれ」

平田は高校時代から有名だったので、その存在は知っていました。すごいらしいという噂《うわさ》も聞いてましたし、甲子園で1日に3発打った試合もテレビで見ていましたからね。実際に直接会ったときは、「思っていたより小柄なんだな」という印象でした。平田に限らず、活躍している姿をテレビで見ていると、大きく見えますからね。

初めて会話をしたときから、純粋さが表に出ていました。それは今も変わらないです。時として、その純粋さで思ったことを素直に答えてしまい、勘違いされることがあるみたいです。でも、僕は平田のそういうところが、むしろ好きですね。

一軍と二軍を行き来する時期が長かったですけど、それは、甲子園で活躍し、騒がれて入団したドラフト1位選手としては少し時間がかかった、というくらいのことでしょう。普通の高卒選手として考えたら、順調に力をつけ、一軍でプレーするようになったと思います。とはいえ、1年目から一軍でバリバリというわけでもなく、ファームで苦しむことも味わいましたから、いろいろな経験を積んで一軍に定着してきたこれからのほうが楽しみです。

バッターとしては、やはり、なにか持っているものがあると思います。2007年の日本シリーズで日本一を決めた試合では、あいつの犠牲フライが唯一の得点だったし、2日連続でサヨナラホームランを打ったりしたこともありますからね。意外性があるというか……いや、意外性という言葉で片づけたらむしろ失礼かもしれないくらいで、「ここで打ったら勝てる」という場面で打つ力があります。バッティングについては、僕から教えることはないです。そもそも、技術に関して教えなければいけないことは、最初からなにもありません。

守備については、ポジショニングについてアドバイスを求められたことがありますけど、平田の野球観・守備センスはもともとすごいんです。後ろを振り返ったときに「あ、そこにいるね」と思うことはあっても、「え？　そこじゃないよ」と思うことはあまりないですからね。

走塁についても独特の感性を持っていて、チームでもトップクラスではないかと思います。あいつ、性格はあんなに純粋なのに、野球ではずる賢いことができるんですよ（笑）。面白い選手だと思います。

プライベートでは、自主トレを一緒にやっていたことがありますし、今でもたまに食事に行きます。平田と僕は10歳ほど離れているので、初めのころは話しやすい状況を作ってあげたいと思って、こちらからよく声をかけていました。まあ、あいつは年齢が離れているからといって壁を作るというタイプでもないんですけど。普段から、思ったことをそのまま言ってきてくれますしね。ただ、ときどきナイーブな一面を見せることがあります。そのあたりは少し心配しながらも、今後、どういうふうになっていくんだろうなぁという気持ちで見守っています。

お酒は、僕があまり飲まないということもあってか、一緒のときも平田はそれほど飲みませんね。食事に行くときは焼肉ばかりです。あいつも見た目や外から言われているほど食べていないのですが、食べたらすぐ肉になって体についてしまうタイプ。いつもオフが明けるとプックリした体で出てくるので、「おいおい、節制しろよ」と言っているんですけどね。ただ、2年連続で規定打席に達したことで、ようやく自覚が出てきたようです。16年は、「ちゃんとした体型」で出てきていました(笑)。ここからが大事です。

最後に先輩からのメッセージを送ります。「まだまだ、これからだ！」です。いろいろな意味において、「これから」。3年、4年とレギュラーを張って、チームの顔になっていってほしいです。平田には、本当に頑張ってほしい。この1年しっかりやって、真のリーダーになってくれることを期待しています。

細かいところでは、練習の仕方にしても、僕がずっとやってきた経験の中で、「平田もやっておいたほうがいいんじゃないかな？」とすすめたいものはあります。でも、改めて噛《か》んで含めるように話をするのは、僕自身あまり好きじゃないですし、言ってもわからない部分があるでしょう。今の時期はいろいろやって、自分で見つけられればいいと思います。

中日新聞

第2章 スポーツ万能

ハイレベルな世代

小学校を卒業し、大阪市立菫《すみれ》中学校に入学した僕は、「大阪北ボーイズ」という硬式野球チームに入りました。幼なじみのマンちゃんこと萬谷康平も一緒です。そして、大阪北ボーイズの練習は土日だけだったので、学校では陸上部に入部しました。ところが、硬式野球のほうは早々にトラブルが起きました。大阪北では入ってすぐにいちばん上のチームでレギュラーとなり、けっこう打っていたんですが、チームの方針で3年生を起用することになったんです。「野球は実力の世界のはず」という父の考えもあって、大阪北をやめて「大阪都島《みやこじま》ボーイズ」に移ることにしました。当時のボーイズリーグには、チームを移るとしばらくのあいだは公式戦に出場できない決まりがあったので（現在は元のチームを入団6か月以内で退団した場合は、すぐに出場可能）、大阪都島ではしばらくのあいだは練習試合にだけ出場する時期がありました。試合が大好きだった僕としては、けっこうウズウズしていたことを覚えています。その分を練習試合にぶつけて、ボッコボコ打っていました。

そして、晴れて公式戦に出られるようになると、2年生のときから3年生の中に混じって出場しました。中学のときは、打順は3番で、ポジションはおもにショート。ピッチャー兼任でたまにマウンドに立ち、外野やキャッチャーを務めたこともありました。

このときに大阪のボーイズリーグのチームでよく対戦していた選手には、のちにプロ野球選手になった面々がたくさんいます。ざっと名前を挙げると、まず、箕面《みのお》スカイラークに岡田貴弘《たかひろ》。今のT-岡田（オリックス・バファローズ）です。それと、大淀《おおよど》ボーイズに若竹竜士《わかたけりゅうじ》（元北海道日本ハム、現三菱重工神戸・高砂《たかさご》）、忠岡《ただおか》ボーイズには鶴直人《つるなおと》（阪神）、大阪狭山《さやま》ボーイズには川端慎吾（東京ヤクルト）、大阪平野富士ボーイズに松井佑介《ゆうすけ》（中日）といったメンバーです。

その中でも、とくに同じ大阪北支部だった、T-岡田の箕面スカイラークとはしょっちゅう試合をしていました。Tは当時から普通の選手より頭ひとつ分くらい抜き出るほどデカかったので、あのころから180センチくらいあったんじゃないですかね？　僕も中学の時点で173センチくらいはあったので、決して小さいほうではなかったですが、Tのデカさは別格でした。しかも、ムチャクチャ飛ばしてましたから。ただ、僕もそのころはけっこう打っていたので、競い合うようなところはありました。今でも伝説になっている話としては、大阪市西淀川区にある中島《なかじま》公園の中に外野フェンスがムチャクチャ高い野球場があって、そのときはTのチームとは直接対戦はしなかったんですけど、同じ日にTがライトフェンスを越えた先に走る高速道路の壁にぶち当てて、僕はレフトフェンスを越えた先に流れる神崎川《かんざきがわ》に放り込んだことがあります。また、若竹がピッチャーとして引っ張る大淀ボーイズも同じ支部なので、よく対戦していました。こんな相手ばかりだから、もう、大変です。

最終的にプロに行かなかった中にも有望株がたくさんいました。忠岡ボーイズで鶴と一緒にプレーしていた溝端忠《みぞはたただし》（近畿大学附属高校→近畿大学→日立製作所）は、中学生で140キロを超えるボールを投げていて、ムッチャ速かったです。彼は鶴とともに近大附属へ進んだときにはヒジを壊して外野手になりましたが、ボーイズリーグのころは双璧《そうへき》のエースでした。ちなみに、忠岡ボーイズの1学年下に、のちにPL学園高校に進んで広島東洋カープに入団することになる「マエケン」こと前田健太（現ロサンジェルス・ドジャース）もいましたね。また、八尾《やお》フレンドの村上剛輝《ごうき》（東海大学菅生《すがお》高校→三菱自動車岡崎）や、ボーイズの全国大会やジャイアンツカップで優勝したオール枚方《ひらかた》の小西俊樹《としき》（金光《こんこう》大阪高校→大阪学院大学でアメリカンフットボールに転向→パナソニックインパルス）という大柄な選手も、当時の中学野球界では全国的に知られていました。あとで聞いた話ですが、このときの大阪のボーイズリーグは、過去に例がないほどハイレベルだったそうです。

僕は水島新司先生の代表作である『ドカベン』という野球マンガが大好きですが、今考えると、各チームに能力の高い選手がいて、勝ち上がるたびに対戦するところは、リアルに『ドカベン』の世界ですよ。あのころは、そんな意識はなかったですけどね。そんな強者《つわもの》が揃《そろ》う大阪で、僕のチームは「堺ビッグボーイズ大会」など、小さな大会でこそ優勝したことはあったものの、全国大会につながる支部の大会では勝ち上がることができず、中学の野球では全国に行くことはできませんでした。

ただ、本当のことを言うと、当時は悔しさなんてなかったです。というか、全国とかまったく意識していなかったので、よく覚えていません(笑)。大会がたくさんあったので、全国行きがかかった大会とそうでない大会の区別がまったくついていませんでした。覚えているのは、とにかく試合が楽しかったこと。練習はいっぱい走るわ打つわで、しんどかったですけど、「チームメイトのみんなとワイワイしながら戦うということ自体が楽しい！」というスタンスは、小学生のときとなんら変わりはありませんでした。いい意味で遊び感覚の「自然体」だったと思います。

陸上部での躍動

中学校生活は、野球がすべてという雰囲気ではありませんでした。都島ボーイズの活動日は土曜日と日曜日だけで、平日は中学の部活として入った陸上部の練習がありましたから。平日の夜に野球の自主練習をするとかは、まったくなかったです。野球は週末にやるものと、完全に割りきっていました。

学校には軟式野球部があったので、よく冷やかしていましたね。硬式野球をやっていることは知られていて、入部を誘われたこともありましたけど、「弱いから、いやや」とはぐらかしていました。陸上部がレフトの奥のほうで練習をしていると、ときおり野球のボールが飛んでくるんです。そのボールをいちばん遠くのほうにいる選手にブワーッと投げ返して、ビックリしている様子を楽しんだりしていました。

陸上部では、入部した直後は長距離走を種目に選びました。しかし、これは2か月で飽きてしまい、100メートル走と走り幅跳びにチェンジ。なぜかというと、僕、なにをするにも「出しきりたいタイプ」なんですよ。だから、長距離を走るときにもペース配分を無視してスタートから目一杯走ってしまう。我慢できないんです(笑)。それで、あとから抜かれていってバテながら後ろを走るということが続いたので、自分には向いていないと悟りました。

短距離と幅跳びに変えたのは正解でした。もともと小さいころから足は速かったので、やっていて楽しかったですし、「好きこそもののじょうずなれ」で、野球の試合がないときには大会にも出て、記録も良かったです。2年夏の記録会では、100メートル12秒0というタイムを出しましたが、これは大阪府1位の記録でした。走り幅跳びは、1年生のときが5メートル89センチ。3年生のときに大阪府大会で

6メートル23センチを跳んで優勝しています。

ただ、全国大会への出場は順位で決まるのではなく、「6メートル50センチを超えた選手が出られる」という条件だったんです。そのため、全国大会には出られなかったのですが、競技が終わった直後に記録員の人から言われました。

「君、30センチ手前で踏みきっているよ」

そのときは正直、「いや、そんな真剣にやってないし……」と、内心思いましたが、しっかりとした位置で踏みきっていれば、計算上は全国大会に出られたことになります。

でも、全国大会は出なくて良かったです。同じ学校の同級生が砲丸投げで全国大会に出場したため応援に行きましたが、幅跳びの選手たちは7メートルくらい跳んでいましたから。もし、出ていたら、恥をかくところでした(笑)。少し心残りだったのは、100メートルのほう。全国大会では11秒台前半が勝負ラインになっていて、僕は3年生のころには11秒台が出ていたんですよ。ただ、中学最後の大会だったので、ほかの選手との兼ね合いで、僕は走り幅跳びのみのエントリーとなりました。100メートルでどのくらいやれたのか? ちょっと、勝負してみたかったなぁ。

モテ期到来⁉

中学時代は、野球と陸上以外にも学校生活でいろいろなスポーツを楽しんでいました。運動会ではプログラムのラストを飾るクラス対抗リレーのアンカーや、1年生から3年生までの同じ数字のクラスの男女6名でバトンをつなぐ男女混合リレーも3年連続で出場。このリレーは200メートルと少し距離が長かったのですが、1年生のときは2位以下をぶっちぎりましたから、もうヒーローでしたね。自分が最も輝けるときだったと思います(笑)。また、毎年3月に行われていた球技大会のサッカーでは、いつもゴールキーパーをやっていました。サッカーの足技自体はへたくそでした。でも、キーパーで活躍した僕は、「神」と言われました(笑)。サッカーを本格的にしている同級生に、「キーパーで(チームに)来てや」と誘われたこともあります。キーパーの動きは、外野守備の反応の仕方と似ています。シュートを打ってくる人の目を見て、足元を見て、蹴るときの体勢や足とボールの当たる位置と角度などから反応する。それは、守っているときや走者として塁にいるときに、バットとボールが当たる角度やバッティングの体勢によって、だいたいどのような打球になるかがわかるのと一緒だと思います。ただ、蹴るのはうまくなかったので、シュートを止めたら蹴らずに投げるだけでしたけどね。それでも、コートの半分くらいまでは届いたので、問題なかったです。昼休みにいつもやっていたバスケットボールも得意でした。体がまだ細かったので、ドリブルもけっこう小回りがききましたね。ほかのスポーツを楽しんでプレーすることで、知らず知らずのうちに野球と共通する「運動のコツ」のようなものを、いろいろと吸収していたのかもしれません。

今、考えたら、スポーツ万能タイプだった僕は、運動会が終わった直後、お決まりのようにモテる期間がありました。先に言ってしまうと、卒業式のときには学ランのボタン関係は全部なくなってしまいましたから。これ、実話ですよ(笑)。最後は詰め襟《えり》の内側についているプラスチックの白いカラーですら、「それでもいいです」と持っていかれました。そんな状況で、しかも、恋愛に目覚める年ごろということもあり、女子とお付き合いをするようにもなったのもこの時期からです。ちなみに初恋は、幼稚園の担任の先生だったので早かったですけどね。今も年賀状だけはやりとりをしていて、「いつも見ているよ」という言葉をいただき、励《はげ》みにしています。ただ、モテたことはモテたけど、自分から告白したときの成功率はそんなに高くなかった。片想いが多かったですね。女の子と仲良くなるのは、小学校時代の同級生で別の中学に行った男友だちとときどき会う約束をした際に、お互いの学校で仲の良い女の子を誘って4人で遊ぶようなときでした。だから、他校の女子と付き合うほうが多かったです。ただ、当時はたまに会って遊んだりするだけの清い交際。土日は野球の練習や試合でしたから、中にはほとんど会うこともなく、「たぶん、俺ら付き合っている……はず?」というものもありました。

徳島県に住んでいる女の子と一度だけ遠距離恋愛をしたのも、中学のときでしたね。野球のつながりで1学年上の先輩に紹介してもらったのですが、まだ、中学生が携帯電話を持つような時代ではなかったので、家の固定電話と、なんと、FAXを使って連絡をとり合っていました。結局、なかなか会う機会が作れず、お互い前向きな気持ちで交際をやめることになったのですが、別れるときもFAXでやりとりをしました。もちろん家の共用ＦＡＸですから、彼女からなにか届けば、まず最初に親が見ます。さすがに「お前、なにやってるんや」という感じだったと思います（笑）。

『パワプロ』からつながるプロ野球

小学生のときもそうでしたが、平日の放課後は陸上部の部活があり、土日には大阪都島ボーイズで野球をする毎日の中で、「野球を見る」ということについては、僕はほとんど興味がありませんでした。当時、名前とプレーする姿が一致していたプロ野球選手は、イチローさん（現マイアミ・マーリンズ）、松井秀喜さん（元巨人、ニューヨーク・ヤンキースなど）、ノリさんこと中村紀洋《のりひろ》さん（元近鉄バファローズなど）くらいでしょうか。その中でも、近鉄時代の全盛期だった中村ノリさんは大好きでしたね。左足を高く上げて、グリップを一度極端に下げるバッティングフォームをよくモノマネしてました。思えば、僕のフォームはノリさんから大きな影響を受けています。現在はコンパクトな動きにしていますが、根っこの部分は同じです。

ただ、同級生に野球を見るのがすごく好きなやつがいて、「行こうやー！」と誘われ、ついていくことはよくありました。とくに甲子園の高校野球は、けっこう通いましたね。そこで、プロ野球カードを買うのが恒例《こうれい》でした。「高校野球で、なぜプロ野球カード？」と思われるかもしれませんが、阪神電鉄の甲子園駅から球場へ向かう途中の売店で売っていて、思わず反応して買っていたんです。プロ野球選手は全然知らないので、袋を開けても「これ誰？」となりがちだったのですが、なぜか集めていました。王貞治さん（元巨人、現福岡ソフトバンクホークス会長）のカードを引き当てたときは「おお！　王やー！」とか、長嶋茂雄さん（元巨人、現巨人終身名誉監督）のカードに反応して「ミスター！　ミスター！」と感動しました。その同級生はプロ野球も好きだったので、家からいちばん近くにあった大阪ドーム（現京セラドーム大阪）の近鉄戦にもよく行きました。中村ノリさんを好きになったのも、きっとそのせいだと思いますが、当時の近鉄のラインナップは今でも覚えています。タフィー・ローズや礒部公一《いそべこういち》さん（現東北楽天ゴールデンイーグルス打撃コーチ）、大村直之さん、武藤孝司《たかし》さん、水口栄二さん、光山英和《みつやまひでかず》さん（現横浜DeNAバッテリーコーチ）、的山《まとやま》哲也さん（現福岡ソフトバンク三軍バッテリーコーチ）。ピッチャーでは髙村祐《たかむらひろし》さん（現福岡ソフトバンク二軍投手コーチ）や、ナックルボーラーのロブ・マットソンも記憶に残っています。

プロ野球の知識については、その程度しかありませんでしたが、僕には1つ強力な情報源がありました。それは、『実況パワフルプロ野球』（『パワプロ』）です。小学校の高学年くらいからやるようになったことは、第1章で触れましたが、これをプレイすることで、個々の選手の能力や特性はいやでも覚えるようになりました。そのかわり、選手はみんな同じ2頭身のデザインなので、本当の体格や風貌《ふうぼう》はわかりませんけど（笑）。ゲームは中学生になっても相変わらず大好きで、『大乱闘スマッシュブラザーズ』『ゴールデンアイ』『マリオカート』は相変わらずやり込んでいました。

当時の平日のすごし方は、学校の授業と陸上部の練習が終わると、まずそのまま友だちの家に行って『ウイニングイレブン』をやる。その後、一度帰宅して風呂に入って夕飯を食べたあと、また友だちの家にいって21時ごろまでずっとゲームをするという毎日でした。また、当時はその足でレンタルビデオ屋のＴＳＵＴＡＹＡにも意味なく毎日行って、23時ごろに家に帰っていましたね。ＣＤを借りてＭＤに録音して聴いていました。ジャンルはおもにアニメソング。といっても、どっぷりアニメっぽいものではなく、J-POPのアーティストが歌っているナンバーで、「これ、実はアニメの主題歌なんやで」というものが多かったです。アニメは見るのも好きで、当時、大阪で朝8時から9時に放送されていた再放送を学校に出発するギリギリまで見て、8時半以降の番組は録画し、帰宅後に鑑賞していました。

それに加えて、中学3年の夏が過ぎたころから古本屋でマンガを買うことを覚えてしまいました。思い入れが深い『ドカベン』は、母の妹にあたる叔母《おば》さんが「良介、アンタ野球やっているんやろ? コレ読んどき」と買ってくれたのがきっかけで、その後は自分で買い集めました。『大甲子園』や『プロ野球編』『スーパースターズ編』『ドリームトーナメント編』と、続編も継続して読み続けています。古本を買い集めるのは、このころから高校にかけてが、最も熱中していましたね。ジャンルも幅広くて、『風魔の小次郎』『スラムダンク』『DEAR《ディア》 BOYS《ボーイズ》』『幽遊白書』『ワンピース』に、『I"s《アイズ》』『BOYS《ボーイズ》 BE《ビー》…』『涼風《すずか》』。あだち充《みつる》先生の作品なら『タッチ』『H2』。ほかの野球マンガももちろんあって、『おはようKジロー』『メジャー』『ダイヤのA《エース》』『BUNGO《ブンゴ》』。

『赤ずきんチャチャ』や『姫ちゃんのリボン』など、少女マンガも読んでいました。高校卒業時点で1200冊に達していたので、タイトルを挙げたらキリがないです。また、「お気にいりは?」という質問にも答えられないですね。とても絞《しぼ》りきれません。

マンガは寝るときに何冊か本棚から抜いて、寝床でうつ伏せになって読んでいました。ときには、読みながら眠ってしまい、気づいたら朝だった日もあります。また、ゲームをするときに、あぐらをかいた体勢から足でマンガを固定し、マンガを読みながらゲームをするという曲芸じみた技も習得しました(笑)。中学3年生になって、大阪桐蔭高校への推薦入学が決まってからは、気がゆるんでしまって、授業中に教科書の中にマンガを隠して読んだりしていました。それが先生にも完全にバレバレだったので、「次、平田読め」と指されたときに内側に入れていた『H2』のページの野球シーンをそのまま「ヒュ〜。カキーン!」と読み上げたこともあります。「ハイ、やめようねぇ」と注意されましたけど、おおらかなやりとりですよね。ちなみに、このころから僕の学力は急降下していきます(笑)。

それにしても中学時代はホンマ楽しかったなぁ。まさに、青春していましたね。

私が見た「平田良介」の素顔

COLUMN

YUDAI OHNO

大野雄大 投手

「打撃も守備も頼りになる。でも、ゲームの誘いには注意!?」

2005年、僕が京都外大西高校2年生のとき、登板はなかったんですけど、ベンチメンバーとして夏の甲子園で準優勝しました。その大会に、平田さんも大阪桐蔭高校の3年生として出場。大阪桐蔭もベスト4に勝ち進んでいました。チーム同士が直接対戦することはなかったんですが、前後の試合でプレーを見ることがよくあり、「大阪桐蔭の平田、えげつないな」という印象がありました。甲子園の開会式では、大阪代表と京都代表はとなり同士だったので、大阪桐蔭の選手はすぐ横にいたんです。平田さんをはじめとして、辻内崇伸《つじうちたかのぶ》さん（元巨人）とか、中田翔（現北海道日本ハム）など、みんなメッチャごっつくて、僕らとは体つきが違った。「これが同じ高校生か？」と思ったのを覚えています。

その後、平田さんはドラフト1位でドラゴンズに入って、僕が佛教《ぶっきょう》大学に進んで野球をしていたときも、よく話題になっていました。ですから、僕がプロ入りして二軍にいるときに平田さんが同じくファームにいたとしても、僕の中ではずっと「有名人」でした。

それが今はチームメイト。後ろで守る平田さんは、メッチャ頼りになります。セ・リーグのライトとしてはナンバーワンじゃないですか？　守備範囲は広いし、肩も強い。大島（洋平）さんの守備も素晴らしいので、右中間を抜かれたときは、「うちのライトとセンターが抜かれたら、しゃあない」と割りきれます。あと、僕が投げる試合でけっこう打ってくれている印象があります。長打もうまさもあるし、足も速い。チャンスで決めてくれそうな雰囲気も持っていますよね。

練習中や試合中のベンチなどでは、投手と野手はあまり接点がないのでしゃべる機会は少ないけど、ロッカールームなどで話をすることはあります。あの人、面白いことは言わないんですが、面白い（笑）。天然と言いますか。いや、一見、天然のようで、考えているときは、ちゃんとしたことを言いますからね。つかみどころがないです。ロッカールームでは、平田さんがなにか話して、よくわけがわからなくて場がシーンとなるときがあります。そういうときは、ロッカーがとなりの荒木（雅博）さんが「おい、良介！」とツッコんだりしてフォローしていますね。

年に1、2回程度ですが、食事に行くこともあります。また、ここ最近は、日本代表「侍ジャパン」の遠征などでご一緒することが増えました。台湾では片道1時間か2時間かけて中田翔とパワースポットに行ったらしいです。僕は一緒には行っていないですけどね。でも、それから、試合でも打ち出しましたから、効果があったのかもしれません。お酒も一緒に飲むことがありますが、平田さんは飲むとかなりテンションが上がります。踊ったりしていた時期もありました。2年くらい前にカラオケに行ったとき、「ももいろクローバーZ」の曲を歌いながら、プロモーションビデオなどで本人たちがやっているような振り付けを披露していました。「やっぱ、変な人や」って思います（笑）。でも、場を盛り上げてくれるので、助かりますね。

ゲーム好きはチームでも知られていて、キャンプにはもちろんゲーム機持参。誘われたら大変らしいです。実は、僕もさりげなく誘われたことがあります。「『みんなGOL』（『みんなのGOLF』）、オモロイわ〜」みたいな感じで、聞こえるような独り言《ひとごと》をつぶやくんです。そして、「メッチャ、うまいらしいですね？」と言うと、「そうやねん。俺、絶対負けへんねん」と、挑発してきます。「やばい、これは絶対に誘われている」と思った僕は、「でも、僕、ゲームやったことないんですよねぇ」と言って、のがれました。おそらく、「いいっすねぇ」とか「僕もそこそこうまいですよ」なんて言ったら、アウト（笑）。「勝負しようや」ってなりますから。

平田さんは16年からキャプテンになりましたし、発言にもチームを引っ張っていこうという思いが見えます。僕もドラゴンズ選手会の会長なので、2人で頑張ってチームを明るく強くしていきましょう！ 平田さんのキャラは、これまでどおりでいいと思います。別に人に迷惑はかけていませんから（笑）。今のところは、「チームをどのようにしていこうか？」ということを改めて2人でさほど話し合ってはいませんが、しんどいときにはそういう話をすることになるかもしれません。もし平田さんのほうから、「今のチーム状況、ヤバそうやわ。どうしよう？」という「誘い」の言葉が聞こえてきたら、そのときは逃げずに話を聞きます！

Dragons
6
Dragons
8
38

中日新聞

AKASAKA
69
6

第3章 大阪桐蔭の力

新入生の苦難と感謝

「どぅーい?」

これ、なんて言っているかわかります? 正解は「どうよ?」。大阪桐蔭高校硬式野球部監督の西谷浩一《にしたにこういち》先生の口ぐせです。「西谷監督って、普段どんなことをお話ししているんですか?」と聞かれたときは、冗談で「いつも『どぅーい?』しか言っていません」と答えています。選手からつけられたアダ名は、その見た目どおり「ゴリラ」。そう呼ばれているのは、本人も知っていますから、大丈夫です(笑)。

西谷先生の誕生日には、バースデーケーキの飾りに砂糖でできたゴリラの人形をつけていましたが、それを指差して「これ誰や?」と言いながらも、表情は笑顔でした。西谷先生はメッチャ子ども好きだと思いますよ。僕ら選手のことも、我が子のように接してくれました。

僕が大阪桐蔭の硬式野球部の空気に初めて触れたのは、大阪都島ボーイズ時代にチーム全員で体験練習会に参加したとき。その年の3年生には西岡剛《つよし》さん（現阪神）がいたそうですが、そのときはまだよくわかっていませんでした。

当時、認識していたのは、大阪桐蔭は激戦区の大阪府にあって、それでも甲子園を狙《ねら》えるだけのチームであること。実際、西岡さんたちの代は、初戦敗退に終わったものの、夏の甲子園に出場しました。それと、体験練習会のときの様子から、厳しい中にも理不尽な上下関係のようなものはなさそうだということでした。

それと、西谷先生の存在です。先生はアピールがすごくて、夏の暑いときでもお決まりのダブルのスーツでビシッと決めて、大阪都島ボーイズの試合によくあいさつにいらしてました。自分で言うのもなんですが、僕は中学3年生のときには、高校野球の関係者の方々に名前が知られていたようで、「どこの強豪校でも、ある程度推薦で入学できるよ」と、大阪都島ボーイズの代表から聞いていました。

そんな中で、一時は岡山県の名門・関西《かんぜい》高校で決まりかけていたのですが、やはり地元・大阪で甲子園に行きたいという気持ちがぬぐえず、自由な雰囲気で甲子園も狙える大阪桐蔭に入学することを決めました。

大阪桐蔭は、大阪市の東側に位置する大東市《だいとう》にありますが、野球部のグラウンドは校舎からさらに東側にそびえる生駒《いこま》山地の高い場所にあります。練習の際には、学校で授業が終わると、準備をして集合。上級生は学校のバスに乗って山のまわりを迂回《うかい》しながらゆるやかに登っていく「エンペラー」と呼ばれるルートで移動します。所要時間は、だいたい30分くらいです。

しかし、1年生はバスには乗らず、グラウンドまで走らなくてはなりません。しかも、バスより先にグラウンドに到着して、バスが着くと積まれている道具をおろしてグラウンドに運ばなくてはならないのです。そのため、必然的に山肌を最短距離で登っていく「獣道《けものみち》」と呼ばれるルートを行く必要がありました。「獣道」は文字どおり、獣が通るような、かなり険しい道でしたね。途中に、人間よりもはるかにデカくてごっつい岩が邪魔をしています。距離としてはほんのわずかですが、急な斜面を備えつけてある縄《なわ》を伝って登らなくてはならない箇所もありました。毎日登るのは、メッチャキツかったです。

大阪桐蔭の野球部は実際に入ってみると、下級生が上級生に付いてお世話をするような習慣はありましたね。おそらく上下関係が厳しいことで知られていたＰＬ学園高校ほどではないと思いますが、道具の手入れや、飲み物を買いに行くようなことはしていました。ただ、厳しさは付く先輩によってけっこう差があり、僕が付いたのはそうした雑用はあまりさせないようにしてくれる先輩でした。

実はそれには理由があったんです。僕は入学してわりとすぐに3年生の練習に加わるようになり、夏の大会前に故障したレギュラーの先輩の代わりに先発出場した練習試合で立て続けに5、6本ホームランを放ったんです。それで、夏の大会のベンチメンバーに入りました。そのため、先輩たちのあいだで、「平田には、あまり（お付きの仕事を）やらせるな」という話になっていたようです。

これはあとになって聞いたことで、人に恵まれていたと思います。1年生がメンバーに入ると、逆にやっかまれて厳しい仕打ちを受けてもおかしくないのに、このチームの人たちは、本気で甲子園を目指し、チームが勝つために必要なことはなにかを考えてくれていたんだと、うれしく思いました。ちなみに、このお付きの習慣は、僕が3年生になるときに同期と話し合い、一切なくすことにしました。スパイク磨きなどの雑用は後輩に押しつけず、自分たちでしていこうという具合に改革したのです。

また、僕はもう1つ、野球部員の中で特殊と言っていい状況がありました。それは、寮生ではなく自宅からの通いだったことです。同期は全部で18人いましたが、寮生が15人、通いは3人ですから、少数派でしたね。自宅から学校へは約1時間くらいかけて自転車で通っていましたので、けっこう大変です。練習は夜21時過ぎまであって、それからバスで学校まで戻って制服に着替えるころはたいてい22時半になっています。そこから自転車ですからね。少し遅くなると、家に着いたときには日付が変わっていた……なんてこともありました。

やっかいだったのは洗濯《せんたく》です。帰ったらすぐに洗濯機を回さないと、翌日に間に合いません。そして、朝は6時半くらいに起きてごはんをサッと食べて、7時ちょっと過ぎには自転車で学校に出発するという生活を続けました。確かにハードでしたが、大阪桐蔭は朝の練習はなかったので、なんとかやっていけましたね。途中から慣れてきて、3年生のころにはもう苦にならなかったです。それに、足腰を鍛えるという意味でも、自転車通学は良かったと思います。

最強のチーム

1年の夏の大会（2003年）から試合に出ていた僕は、夏休みから次の新チームとしてスタートを切ると、1年生ながらセンターで4番を打つようになりました。大阪桐蔭の練習は内容もキツかったですし、当初は先述した下級生の仕事がありましたが、入学前からもともと想像していたように、比較的自由な空気がありました。

西谷先生には、「どぅーい？」と声をかけてもらうことはよくありましたが、野球の技術についてつきっきりで教えてもらったという記憶はないですね。お菓子の「ベビースターラーメン　チキン味」が大好きで、監督室には中身を入れるサーバーのようなものが常備されていて、先生がしょっちゅうポリポリ食べていたことのほうがよく覚えています(笑)。

ただ、バッティングフォームについては、ひと言ふた言アドバイスをもらいました。僕は構えているときから常に動いている状態でタイミングをとる打ち方を子ど

ものころから続けていましたが、将来的にそれではアカンやろ？　ということにな
り、一時は脇を絞《しぼ》ってカチッとしたフォームを試したことはあるんです。結局、そ
れだとよけいな力が入って固まってしまい、バットのヘッドのしなりを生かせずに
詰まることが多くなってしまったので、元に戻したんですけどね。そのときにちょ
いちょい相談させてもらった際は、「絶対にこうでなくてはいけない」と言われる
ことはなくて、あくまで自分に合う「自然体」を良しとして、やらせてくれました。
僕が1年の秋から2年の夏までのチームは、1つ上の先輩たちが主力で、ムチャ
クチャ強かったです。プロの世界に進んだのは高島毅《つよし》さん（元オリックス）くらい
ですが、生島《いくしま》大輔さん（早稲田大学→JR東日本→富山サンダーバーズ→福島ホー
プス）や三國《みくに》慶太さん（青山学院大学→香川オリーブガイナーズ→横浜DeNAブ
ルペン捕手）などうまい人がズラリ。投手陣も岩田雄大《ゆうすけ》さん（元新日本石油ENE
OS）、佐川仁崇《よしたか》さん（同志社大学→日本生命）など、140キロ以上投げるピッ
チャーが6人もいました。
03年秋の大会では大阪大会、近畿大会と勝ち進んで見事優勝。さらに、神宮球場

で行われた明治神宮大会では準決勝の鵡川《むかわ》高校（北海道）戦で1試合42安打36得点という大会新記録を残しました。この試合では、僕も最初の打席で目の高さくらいの外角高めのボール球を大根切りのように強引に振り、神宮第二球場のセンター後方のフェンスを越えた先のネットを揺らすホームランを打っています。

今考えても、翌年の自分の代よりこのときのチームのほうが実力的には上だったように思いますが、この大会は決勝で愛知工業大学名電高校（愛工大名電）に敗れて準優勝。甲子園球場で行われた翌04年春のセンバツでは、ダルビッシュ有（現テキサス・レンジャーズ）が主戦投手だった東北高校（宮城県）に2対3で敗れて3回戦で敗退。さらに、夏の大阪大会の決勝戦では、ＰＬ学園高校と延長15回引き分けとなり、当時1年生だった前田健太が先発してきた翌日の再試合は、打撃戦の末に終盤引き離されて、7対13。大阪の歴史に残る壮絶な決勝戦でしたが、先輩たちにとって最後の夏に、ともに甲子園に行くことができなかったのは、本当に残念でした。

ところで、このＰＬ学園との決勝戦の初戦に先発したのが、同期の辻内崇伸《つじうちたかのぶ》（元巨人）です。1年生のころから球が速くて、秋からベンチメンバーに入って投げていましたが、冬の練習でメッチャ走りこみをしたことで、2年生になると、もともと140キロ台中盤は出ていた球速がさらにアップ。このPL学園戦で151キロを出して、いきなりドラフト候補として注目されました。辻内は人見知りで、このころは込みいった話をする機会はそれほどなかったです。よく話をするようになったのは、ほぼ3年生になってからという感じでした。辻内は13年でプロを引退しましたが、付き合いは続いています。この前会ったとき、今は女子プロ野球のコーチを務めながら会社員もしている辻内は、人見知りではなくなっていましたね。

最後の夏、大阪の夏

3年生（05年）になると、1年生にすごいやつが入ってきました。中田翔です。最初の印象としては、とにかくデカイ！　そして、ピッチャーとしてもバッターとしてもいきなりパワフルだったので、すごい仲間が加わったなという印象でした。ただ、当時は3年生と1年生でしたから、そんなに絡《から》まなかったですね。むしろ、プロに入ってから仲良くなりました。今は「翔」ですけど、当時は「中田」って呼んでいましたから。

ともあれ、辻内に中田翔も加わった大阪桐蔭でしたが、前の年のような絶対的な強さがあったかというと、そこまでの自信は持てませんでした。しかも、中学時代にボーイズでしのぎを削った連中が大阪の各強豪校に散っていて、相手もハイレベルです。実際、前年（04年）秋は、大阪大会の4回戦で上宮太子《うえのみやたいし》高校に0対8で惨敗。05年春の大阪大会でも、準々決勝で再び上宮太子に3対7で敗れ、近畿大会すら出場できていない状況でした。

「最後の夏、甲子園に行けるやろか？　いや、予選で負けるやろ」

そんな、冗談ともつかぬ不安をいだきながら最後の夏の大会に挑みましたが、大阪大会は5回戦まではエースの辻内の調子が安定しないところを、翔がスーパー1年生投手としてフォローする形でどの試合も大差で勝ち上がり、準々決勝まで駒を進めました。

ここから先は、もうどこが甲子園に行ってもおかしくないようなチームとの対戦ばかり。準々決勝の相手は、前年夏の大阪大会決勝で大激戦の末に敗れたＰＬ学園高校です。5回戦で鶴直人と溝端忠のいた近畿大学附属高校に大勝して、ＰＬ学園は勢いづいていました。前年の決勝では再試合で先発してきた「マエケン」前田健太が、甲子園を経験した2年生エースとして万博記念公園野球場のマウンドに立ち、大阪桐蔭は5回まで0対1という苦しい展開でした。

しかし、6回裏に走者を二塁において僕が左中間に2ランを打って逆転に成功すると、さらに追加点をあげて、4対2で勝つことができました。実はマエケンは、6回表に辻内から右ヒジにデッドボールを受け、しばらく動けなくなって試合が中断するほどのダメージだったんです。当然、その影響もあって6回裏から球威は落ちていたと思いますが、こちらもチームが負けていましたから、必死に振った結果でした。しかし、マエケンはそんな状態でありながら、9回表に辻内からレフトにホームランを打ちましたからね。意地というか、「負けん気は大したもんやな」と思います。

続く準決勝は、中学時代に散々対戦したＴ－岡田（岡田貴弘）のいる履正社《りせいしゃ》高校と、決勝では現在中日のチームメイトである松井佑介《ゆうすけ》がエースの大阪商業大学堺高校と対戦。まさに中学時代から続く「実写版『ドカベン』大阪編」とでも言うべき、次から次へとすごい選手がいるチームとの勝負でしたが、ともに大差で勝つことができて、大阪桐蔭は甲子園に出場することになりました。

甲子園の思い出

今になって振り返ろうとすると、実は最後の夏の甲子園については、細かいことがすぐに思い出せないようになってきているんです。時の流れを感じます(笑)。

もちろん、準々決勝の東北高校戦で3本ホームランを打ったことは鮮明に覚えていますよ。あのときは1本打って「お!」となり、2本目が出たところで「今日の俺はなんかある!」と思い、その気になったら3本目も出た! という感じでした。ある意味奇跡でしたね。

断片的な記憶なら、ポンポン出てきます。予選のときは「甲子園は無理やろう」と思っていたけど、甲子園出場が決まったら、「なら、全国優勝目指そうや!」とチームが目標に向かって結束したこと。初戦の春日部《かすかべ》共栄高校（埼玉県）戦では辻内がストライクが入らずボロボロで、翔がリリーフして勝ちを拾ったけど、かなりヤバい展開だったこと。その次の藤代《ふじしろ》高校（茨城県）戦では、うってかわって辻内が良くて大会タイとなる19奪三振を記録し、僕も甲子園「戦後1000号」となる3ランを打ったこと。大会期間中は、混乱を避けるために宿舎の外に出ることが許されず、持参していたプレイステーション2で、仲間と『パワプロ』をして時間をつぶしていたのが楽しかったこと。ベンチメンバーから外れた部員たちが、連日、コインランドリーに行ってユニフォームを洗濯してくれて、量が多い日には彼らが夜中の3時に戻るときもあって、ホンマにありがたいと思ったことなど、いろいろありました。

そして準決勝は、1学年下の田中将大がいた、南北海道代表の駒澤《こまざわ》大学附属苫小《とまこ》牧《まい》高校（駒大苫小牧）との試合。甲子園のスタンドから響いてくる歓声がすごく大きかったことを覚えていますね。

延長戦の末、最後は僕がハーフスイングで空振り三振を喫してゲームセットとなったときは、本当に悔しかった。準決勝進出が決まったときには、チームで「優勝しよう！」と盛り上がっていたので、しばらくのあいだヘコんでいました。

西谷先生が試合後、宿舎であいさつをした際に泣き出したときは、ちょっと驚きましたね。まさか、こういう場で涙を流す人とは思っていなかったので。チームメイトとも「ゴリラ、泣いてんで……」と顔を見合わせました。この人は選手のことが本当に大好きで、僕らと一緒になってやってきてくれたんだなと、あの涙を見てよけいに感じました。監督に恵まれたと思います。

しかし、翌日の決勝戦で駒大苫小牧が優勝して甲子園大会が終わると、落ち込んでいるどころではなくなりました。というのも、9月3日から韓国で開催されるAAA《スリーエー》アジア選手権の高校日本代表チームの選手として招集がかかったのです。

「オレ、パスポートないやん！」

生まれてから一度も海外に出た経験がなかった僕は、あわててパスポートを取りに行きました。

振り返れば、この夏の甲子園は僕の野球人生において、1つの区切りになりました。以降は、プロ入りに向け、大きな転換期に入っていくことになるのです。

私が見た「平田良介」の素顔
COLUMN

SHUHEI TAKAHASHI

高橋周平 内野手

「パフォーマンスは勘弁して…。意味不明でも、話は聞いてます」

僕は小さいころ、高校野球をよくテレビで見ていました。平田さんは、小学生だったときに甲子園で1試合に3本のホームランを打つなど活躍していたので、その印象が強いです。僕がドラゴンズに入った当初は、まだ、知らない選手がたくさんいましたが、平田さんは「絶対的に知っている人」でした。

平田さんは僕の6歳年上の先輩ですが、実際に話をすると優しいです。

ただし、ゲームの話題に関しては、要注意(笑)。一度話を振ってしまうと、長くなってしまって止まりません。

僕がプロ1年目だった2012年の春季キャンプの途中で、平田さんと同じ部屋になりました。とりあえず、いつも平田さんはテンションが高かったです(笑)。でも、僕は1年目だったので、まだ、プロの雰囲気に慣れていなくてあまりしゃべれなかったですから、正直、反応に困った思い出があります。今は慣れましたけどね。

部屋では『パワプロ（『実況パワフルプロ野球』）』や『みんGOL（『みんなのGOLF』）』を一緒にやりましたが、平田さんは強いです。平田さんと小田（幸平《こうへい》）さん（元中日）が『みんGOL』をやっているときは、小田さんが「よし、周平。お前はオレのキャディーだ！」って言い出して、最初はなんのことだかわからなかったですけど、要するにただ見ているだけでした（笑）。

平田さんが声をかけてくれて食事に行くこともありますけど、焼肉が多いです。でも、平田さんは、思っていたよりも食べないです。僕もそんなに食べないですけど。僕と食事をするときの平田さんは、気づかいなのか、お酒をメチャクチャ飲むということもないですね。

オフは、ゴルフに誘ってもらうことがあります。僕もゴルフは好きなので。野球は左打ちの僕ですが、ゴルフでは右打ちです。平田さんは、小技がけっこううまい。僕のスコアは100ぐらいですが、平田さんは僕よりもはるかに上のレベルです。

バッターボックスでの平田さんは、ひと言で表すと「勝負強い」ですよね。それって、見ているだけではなかなか盗めないですけど。勝負強いというのは、メンタルだけじゃなくて技術も持っていないとできないことだと思います。

それと逆方向へ長打を打てるのもすごいです。参考になるのは、狙《ねら》っている球をしっかり振れていること。平田さんは、当てにいくようなバッティングはしないですから。僕は切羽詰《せっぱつ》まってくると、振れなくなる。まだ、そういう面があるので、そこは見習いたいです。

平田さんを中心に、亀《かめ》さん（亀澤恭平《かめざわきょうへい》）、遠藤（一星《いっせい》）さんたちとワイワイやっているのを見ているのは楽しいです。平田さんはチームのキャプテンになりましたし、「若い世代で盛り上がろう！」と声をかけてくれます。僕より少し年上の先輩たちがそう言ってくれると、一軍ではいちばん年齢が下の僕としてはやりやすいです。

ただ、得点が入ったときなどに何人かでベンチ脇のカメラやスタンドに向かって決めポーズをするパフォーマンスは……一緒にはやらないっス！　誘われても、やらないっス。勘弁してください。すみません！　そういうの、苦手なんですよ……。

平田さんはロッカールームやベンチで、ときどき意味がわからないことを言っています（笑）。中には、僕に話しかけていることもあるんです。そのときは、なぜかみんなこっちを見ていて、僕が「平田さん、なにを言っているんだろう？」とリアクションに困っていると、亀さんから「おい周平、しっかり話聞けよ（反応してやれよ）！」とツッコまれることがあります。

でも、ただ意味がわからないことが多いだけで、僕はちゃんと平田さんの話を聞いていますよ。無視したり、相手にしないなんてことはまずありません。まじめに会話をしようとしていてすぐに返せないだけなので、「周平が話を聞いていない！」とかっていう亀さんのツッコミは気にしないでください（笑）。

キャプテンとして、これまで以上にドラゴンズを引っ張っていってくれると、うれしいです。後輩の僕たちも、平田さんのあとについていきます！

Ryosuke

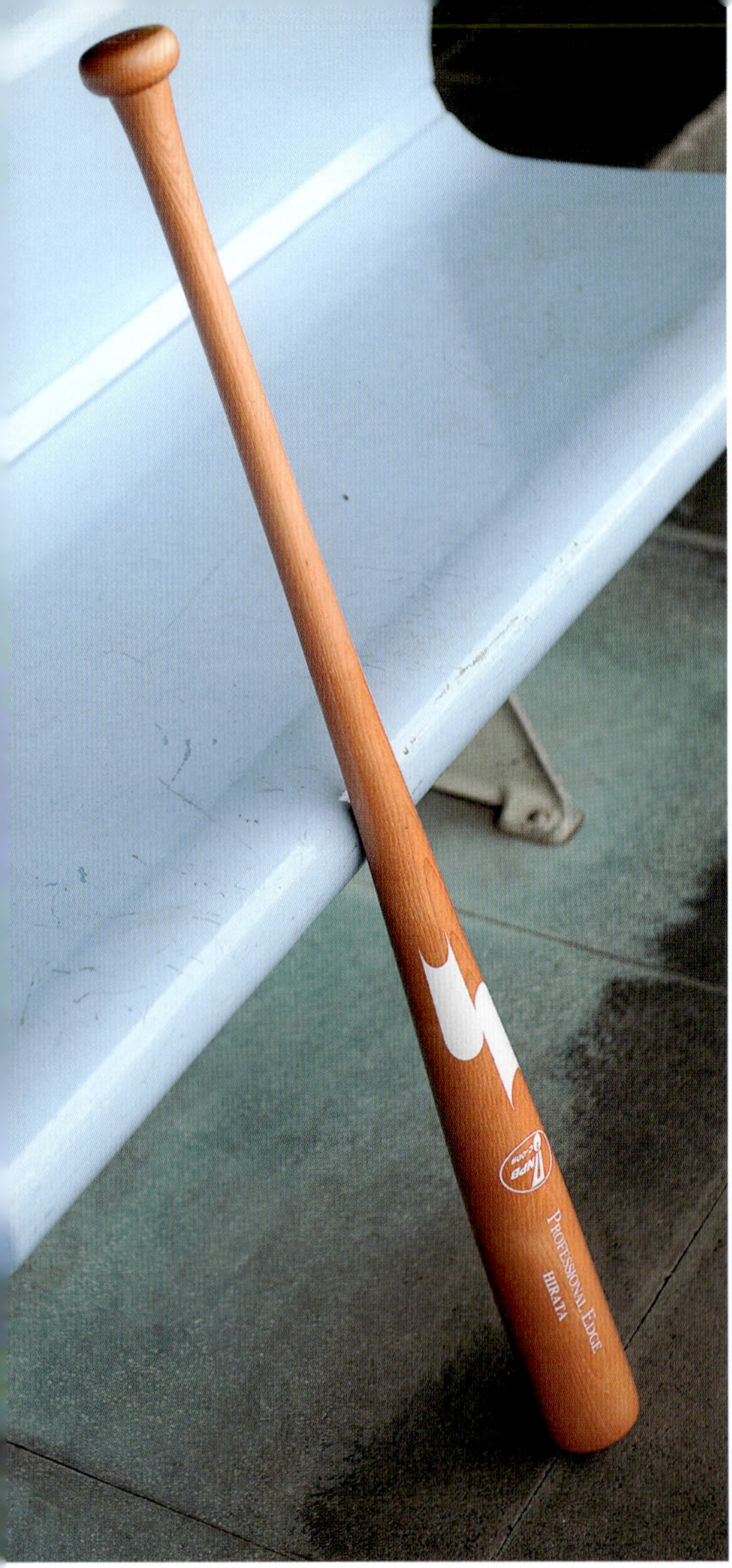
PROFESSIONAL EDGE
HIRATA

Ryosuke
6

HR
6

由佳 琉輝也 萌音
6

Ryosuke
Ryosuke 6

Ryosuke
6
Ryosuke

SUZUKI

46
IRYO
26
ち

Dragons
69
Dragons
C
6
Dragons
40

C
Dragons

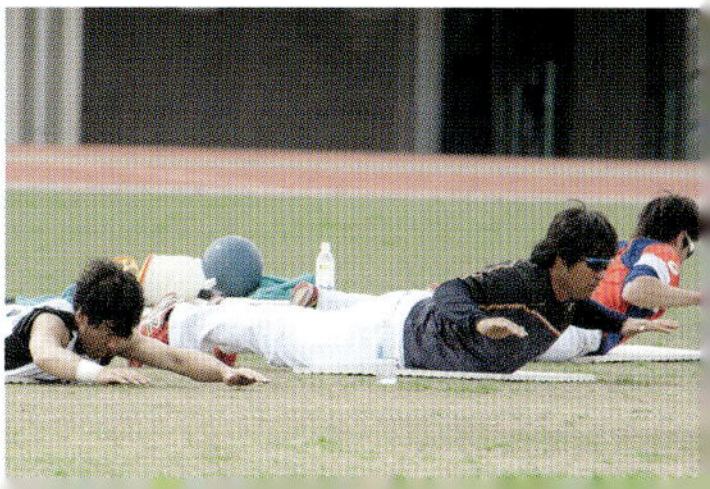

HIDENORI
89

6

Dragons
6
KAMEZ

53

SUZUKI
112

Dragons
6
SUZUKI

Dragons
6
SUZUKI

Dragons
62

TAKAHASHI
3
Dragons
2
証券

KUDOH
62
Dragons
6

80

Dragons
6

HIRATA
6

6
APITA

C
Dragons
中日新聞
SUZUKI

C
Dragons

C
Dragons
SUZUKI

Dragons
6

Dragons
6

Dragons

AKASAKA
69
6

Dragons
6

HIRATA
6
ラスタバ

6

With DOALA

チームマスコット

ドアラとの思い出写真集

写真協力：中日ドラゴンズ（P96上・中段右）、Getty Images（P96右下）、スポーツニッポン新聞社（P97左下、P98左下）、産経新聞社（P98上）、石川耕三（P96左下2点、P97右上）

私が見た「平田良介」の素顔

COLUMN

番外編

チームマスコット

ドアラ

DOALA

「イタズラを仕掛けてくる姿に、少年の心を感じます。一緒に、なにかしら頑張ろう!!」

どうもドアラです。

ついに平田が……いや、平田「選手」が本を出すまでになりましたか。

平田選手と最初に出会ったのはいつだったか……。正直、覚えていません(笑)。日本一になった2007年の日本シリーズには、平田選手はもう出ていましたから、それより前だったような……。ドアラは日々を生きるのに必死で、昔の細かいことは忘れてしまいました。

平田選手は試合じゃないときには、ドアラによくイタズラを仕掛けてきます。少年のような心の持ち主だと感じます。ドアラからも体をいじったり、いろいろちょっかいを出したりすることもあります。そんな平田選手ですが、ナゴヤドームの試合があるときに顔を合わせたり、ドアラが近寄っていったりすると、大きな声でハッキリとあいさつしてくれます。

試合前に選手がキャッチボールをしているときは、よく平田選手の後ろでモノマネをします。平田選手は、たまに左足を上げたままピタッと止まったりして、投げるタイミングをずらしたりします。ドアラは先に投げるマネをしてしまい、「やられた」って思いますが、お客さんは笑ってくれます。14年のファンフェスタでは、ドアラが20歳の成人式を迎えた記念に、

選手が作る花道で宙返りをするという夢を叶《かな》えてもらいました。でも、途中で失敗して寝ころがってしまって……。そうしたら、ドアラの上に真っ先に平田選手が乗っかってきて、ほかの選手も次から次へと重なってきて、あのときはぺっちゃんこになっちゃうかと思いました。ほかにも、デジカメのセルフタイマーを教えてくれて、一緒に写真をとったこともあったような……。

16年の沖縄・北谷《ちゃたん》キャンプでは、来てくれたファンに平田選手がサインをしているとき、寒かったみたいで、ドアラが着ていたジャンパーを奪われました。あとでニヤニヤしながら、「ありがとうございます」って、ちゃんと返しにきてくれたけど。

平田選手の魅力は、常になにかやってくれそうなところ。キャプテンになって、「ファンサービスも積極的に行う」と言ってくれているところも共感できます。きっと、やってくれるでしょう。いや、やってくれなきゃ困る！　ファンと言えば、前にグラウンド内でドアラが持っていた応援歌の歌詞カードを、平田選手が一緒に見てくれたこともありました。

15年まではエクトル・ルナ選手もよく絡《から》んでくれたけど、広島カープへ移籍してしまったので、今まで以上に平田選手にはたくさん絡んでほしいです。チームのみんなもだけど、平田選手と一緒にいろいろやっていきたい！　一緒にやろう！　そして、16年のシーズンも世界中のみんなを笑顔にするぞ！　なにかしら頑張ろう!!

追伸。人生相談は今までされたことがないけど、悩みがあったら、いつでも受けつけます。

第4章

野球＝仕事へ

右肩の故障からドラフトへ

前章の終わりで少し触れたＡＡＡ《スリーエー》アジア野球選手権大会について、ご存じない方もいるかもしれないので説明しておくと、18歳以下の代表チームによる、国別で争われる大会です。２～３年に１度、アジアの国で８月末から９月初めごろに開催されていて、僕らのときの２００５年は韓国で行われました。駒澤大学附属苫小牧高校の林裕也《はやしゆうや》（駒澤大学→東芝）がキャプテンで、大阪桐蔭高校からは僕と辻内崇伸、中学時代から知っていて今は東京ヤクルトにいる市立和歌山商業高校（現市立和歌山高校）の川端慎吾などがいました。今もプロで活躍している選手ではほかにも、柳ヶ浦高校（大分県）の山口俊《しゅん》（現横浜ＤｅＮＡ）、報徳学園高校（兵庫県）の片山博視《ひろし》（現東北楽天）などがいて、さらに、2年生ながら田中将大と、今はドラゴンズのチームメイトである愛知工業大学名電高校（愛工大名電）の堂上直倫《どのうえなおみち》も一緒でした。

この大会での迫田穆成《さこたよしあき》代表監督（広島県・如水館《じょすいかん》高校監督）の勝利への執念は、

並々ならぬものがありました。辻内をエースに指名して、予選リーグの9月4日台湾戦、5日の韓国戦と、2試合連続で先発。5日の韓国戦は完封勝利をおさめました。そして、翌日の準決勝・中国戦に勝利したあと、さらに翌日の決勝戦で再びぶつかった韓国に対して、辻内を中1日で先発させたのです。4日間で3度先発したことになりますね。決勝は延長戦に突入する大接戦となりましたが、辻内は迫田監督の期待にこたえて10回表まで投げきり、その裏に愛工大名電の小島宏輝《ひろき》（早稲田大学➡トヨタ自動車）のサヨナラ本塁打で、高校日本代表はこの年のアジアの頂点に立ちました。

僕もこの大会では4番センターで出場し、甲子園からの調子を維持してベストナインに選ばれましたが、実は先々に影響する大きなアクシデントに見舞われました。決勝の韓国戦で走者として一塁にいたときに、厳しい牽制球《けんせいきゅう》に対してヘッドスライディングで帰塁。その際、右肩に痛みが走ったのです。肩の位置がずれてちょっと下がったような、おかしな感覚になりました。しかし、決勝戦だったので「無理すれば、大丈夫だな」と思い、そのまま出場を続けたのです。そして、その後の守備で、二塁盗塁の悪送球がセンターに転がってきたときに、三塁を狙《ねら》う走者を刺そうとしてとっさに力いっぱい投げたら、変な音が鳴り、右肩がすっぽ抜けるような感覚と激痛が襲いました。痛くて右腕が上がらない状態に、「ヤバイ！」と心の中で思いましたが、どうしても優勝したかったので、誰にも言わずにそのまま出場を続けたのです。

そして、試合が終わってから、「実は、肩がおかしいです」と迫田監督に打ち明けて、すぐにトレーナーの方に診《み》てもらい、翌日の現地での観光は三角巾《さんかくきん》で肩をつった状態で参加しました。そんなアクシデントはありましたが、AAAアジア選手権は、甲子園とはまた違う楽しさがありましたね。メンバーも全国から集まったトップクラスの選手ばかりでしたし、各国の代表チームが1つの宿舎に泊まっていたので、ちょっとした交流もあったんです。それは第6章で詳しく書こうと思います。

韓国から帰国したあと、すぐに病院に行って負傷した右肩について診断してもらうと、やはり脱臼《だっきゅう》。それでも、10月23日に開幕する岡山国体に出場することがすでに決まっていたので、経過を見ながら調整していくことになったのですが、その前に僕の一生を左右する日がありました。プロ野球新人選択会議。通称「ドラフト会議」です。05年オフのドラフト会議は、新たに、「高校生」と「大学・社会人」に分けて行う方式となり、高校生ドラフトは例年開催されていた11月よりもずっと早い10月3日に行われました。

僕は甲子園で1試合3本のホームランを打ったこともあり、ありがたいことに、各球団の指名候補として名前が挙がっていて、僕自身も最初からプロに挑戦する意志を固めていました。どの球団からどの順位で指名されようと、行くつもりでしたね。

ドラフト当日は、学校内に記者会見場が設けられ、僕以上に注目されていた辻内と一緒に会議の様子を見ながら待機していました。そして、最初の1位指名で、早くも中日ドラゴンズが僕を指名してくれました。事前の新聞情報などから、ドラゴンズが僕のことを評価していたのは知っていたので、指名の可能性はあると思っていましたが、1位だったのはうれしかったですね。

このときは、辻内が巨人とオリックスから1位で指名されましたが、抽選の結果、一度オリックスに決まったと思いきや、当選くじの見間違いで実は巨人が交渉権を獲得していたと判明するハプニングがありました。記憶に新しい15年オフのドラフトでの高山俊《たかやましゅん》（明治大学、現阪神）をめぐる、東京ヤクルトと阪神のあいだで起きた当選くじの見間違いと同じようなケースですね。一度、オリックスに対する感想をコメントしていながら、あとになって巨人についてのコメントを求められ、あたふたする辻内が面白かったです。「実は巨人ファンでした」と話して、会場で大きな笑いが起きました。ただ、並んで座っていた僕としては、辻内のほうが明らかに注目度が高くて、会見での質問もほぼ9割が辻内だったのは、少し悔しかったです。

辻内は高校生左腕としては前例のない150キロ超の速球を投げていたので、それも当然と言えば当然だったかもしれません。ただ、僕は完全に放っておかれている状態だったので、「絶対に辻内よりも有名になったる！」と決心したのを覚えています。

また、指名されたことはうれしかったですけど、それほど大はしゃぎというわけではありませんでした。なぜなら、小さいころからの夢としていたのは、プロ野球選手として「活躍すること」だったからです。

「重要なステージをクリアしたけれど、むしろこれからや！」

そんな思いを、改めていだいた日でもありました。

プロの洗礼

僕の右肩の故障は、思っていた以上に重いものでした。ドラフト会議後に開催された岡山国体は、出るからには優勝を目指していましたが、大阪桐蔭は初戦で石川県の遊学館《ゆうがくかん》高校に敗退。序盤に6点を奪ってリードしていながら、7回に同点に追いつかれての逆転負けでした。僕は投げることができなかったので、8回に代打で登場しましたが、セカンドフライ。これで高校生としての野球に、完全に区切りがつきました。

その後、12月9日の入団発表に先立って愛知県の病院で右肩の再検査を行ったところ、「右肩亜脱臼《あだっきゅう》および関節唇《かんせつしん》損傷」と診断され、経過次第では手術する可能性もあるということでした。最終的には、年明けの検査で通常よりも回復が早いと診断されたことから、手術はしないことに。しかし、いずれにせよ、脱臼のくせがつかないようするために、ボールを投げるのはしばらくおあずけ。僕のプロ生活は、じっくり構える形でスタートしました。

とはいえ、甲子園でそれなりに活躍したドラフト1位の新人です。1年目（06年）は、早くも自主トレのころから多くの取材がありました。しかし、実際のところ、こちらは故障の回復最優先で、投げることに関しては別メニューでしたから、正直、なにをコメントしていいやら、戸惑ってばかりでした。

また、もともと「プロ野球を見る」ということに対してそれほど興味を持っていなかった僕は、ドラゴンズに関する事前知識がほとんどゼロに近い状態。なので、選手やOBの方の名前と顔を一致させることや、球団の歴史についても、一から覚えていく必要がありました。プロ野球についての知識としては、第2章で少し書きましたが、中学のころ、友だちに連れられて見ることがあった地元の阪神と、すでに消滅してしまった近鉄の名残りがあるオリックス、東北楽天について多少は知っているくらい。中日についてはまったくと言っていいほど知りません。当時の落合博満監督（現中日ゼネラルマネージャー＝GM）にしても「現役時代に三冠王を獲《と》ったことのあるすごいバッターだった」というくらいの認識しかありませんでした。

実を言うと、僕は『実況パワフルプロ野球』（『パワプロ』）をずっとやり込んでいたので、選手の名前とプレーヤーとしての特徴は「『パワプロ』知識」としてバッチリ把握していたんですけどね(笑)。ただ、顔とか体格が名前となかなか一致しなくて……。山本昌《まさ》さんに最初にごあいさつしたときは、想像以上に体が大きくて、内心、驚いてしまいました。

1年目のキャンプ、オープン戦では、投げることについては短い距離のキャッチボールから始めました。そして、30メートル、35メートルと、5メートル刻みで少しずつ距離を伸ばしていく日々でした。もちろん、打ったり走ったりするのは、ほかの選手と同じように練習していましたから、1年目はプロの厳しい洗礼を受けました。バッティング練習は楽しかったですけど、「走る系」のメニューなどではすぐにアゴが上がってしまい、ついていくのが大変でした。中日は練習が厳しいことでも知られていますからね。とくに、ライトからレフトへ、レフトからライトへとダッシュしながら、その先の追いつくかどうかギリギリのところへ飛ばされた打球を捕らなくてはならない「アメリカンノック」は、本当にきつかったです。

そんなキャンプもあっという間に過ぎていき、いよいよプロとして初めてのシーズンが開幕しました。リバビリ組の僕は、もちろんファームスタートでしたが、経過は良好。4月26日のサーパス（旧サーパス神戸／オリックスのファームチーム）戦で、プロ初の試合出場を果たしました。ファームでプロの球を最初に見たときに感じたのは、「同じ球速でも、プロの投手のほうが、高校生よりもずっと速い」ということでした。球威とか、球の伸びが全然違う。結果的にヒットになることはありましたが、確固たるものをつかむまでには、このあとも苦労し続けることになったのでした。

一方、スローイングについては、このころになると、50メートル程度のキャッチボールはできるようになっていました。でも、強い返球はまだ難しい状態でしたね。そのため、様子を見ながらファームの試合に出場するという状態は依然続き、夏場にようやく、プレーの中で強い返球ができる感触を得られるようになってきました。

するとついに、「体験昇格」的な意味合いで、一軍からお呼びがかかりました。8月26日のナゴヤドームの対横浜（現横浜DeNA）戦で、代打に起用されたのです。プロ入り初の一軍の打席。ピッチャーはパワフルなサイドスロー右腕の木塚《きづか》敦志《あつし》さんでした。このときは、自分が思っていたよりも緊張はしなかったですね。そのため、思いきってボールをひっぱたくことができましたが、結果はサードゴロでした。

そして、懐《なつ》かしの甲子園に移動して行われた阪神戦では、当時タイガースのエース左腕として活躍していた井川慶《いがわけい》さんと対戦しました。このときは3回スイングしたものの、1球もバットに当たらず、見事に空振り三振。その後、メジャーリーガーにもなった井川さんの伝家の宝刀だったチェンジアップは、投げた瞬間はストレートと同じように見えます。なので、そのタイミングで振り出したところ、まるでブレーキがかかったかのようにボールは全然手元まで来ていなくて、随分と早くにスイングしてしまいました。プロの一流の投球を思い知った瞬間でした。

このころは、まだプロとしてプレーできる体を作ることが優先でしたし、経験したことはすべて勉強だと思っていたので、気持ちも前向きでした。「慣れてくれば、近いうちに活躍できるだろう」と思っていたのですが、実際にはそう甘い世界ではありません。2年目（07年）以降、一軍と二軍を行き来するシーズンが続きました。

もちろん、一軍に呼ばれたときには、けっこうチャンスはもらえていたんです。とくに2年目の秋は、故障で戦線を離脱した福留孝介《ふくどめこうすけ》さん（現阪神）の代わりに一軍に登録され、北海道日本ハムと対戦した日本シリーズではナゴヤドームの試合にすべて出場。中日はシリーズ前半から好調で、王手をかけた第5戦は、僕がダルビッシュ有さんから打った犠牲フライの得点を守り、1対0で勝利したのです。メッチャ緊張しながらも、ドラゴンズの53年ぶりの日本一に貢献することができ、「勝負強さ」を評価してもらいました。

また、3年目(08年)はシーズン後半に一軍に定着して、9月7日の横浜戦で横山道哉《ゆきや》さんからプロ入り初本塁打となるサヨナラ弾を右中間に打つことができました。実はその日の夜、チームの人たちと祝杯をあげたのですが、行ったお店で、横山さんとバッタリ会ってしまったんです。とりあえず、「あいさつはせなあかん!」と思って、すぐに横山さんのもとに向かいました。すると横山さんは、「今日はナイスバッティング!」と、大人として見習うべき言葉をかけてくれて、これから盛り上がろうという僕らに気をつかって、そのお店を出ていかれました。

しかし、こうした貴重な体験を重ねていくにしたがい、僕が強くいだくようになったのは、希望よりも絶望感でした。なぜなら、がむしゃらにプレーをして結果が出ることはあるものの、実際には一軍のレベルの高さを思い知らされることのほうが圧倒的に多かったからです。また、足首、ふくらはぎ、腰など、たびたび故障することもあって、なかなか万全の状態に持っていくことができず、この先、どうしていくべきか、自分の中で確固たるものをなかなかつかめませんでした。

ようやく見えた光明《こうみょう》

一軍でやっていけると確信できる手ごたえがつかめなかった僕は、3年目以降もずっと手探りの状態が続きました。守備については悩むことはなかったんです。1年目の右肩の故障も、現在はメジャーリーガーとして活躍しているチェン・ウェインさん（現マイアミ・マーリンズ）が行って良かったということで紹介してくださった岐阜県の治療院に通うようになってから、故障前とほぼ同じような状態に戻りました。4年目（09年）に一度だけ再発したことがありましたが、それも回復して、プロの世界でも「肩が強い」と言ってもらえるほどになりました。

問題はバッティング。僕はボールを呼びこむ際のタイミングが大事だと思っていますが、プロではどうしてもうまくいかない。フォームはコロコロと変えました。足を上げたり、すり足にしたり。ファームでも一軍でも、練習して試合に出て、また練習して……という、手探りの期間が長く続きました。結果が出ないことに対する精神的な焦《あせ》りもありました。それを癒《い》やしてくれたのが、大好きなゲームやマンガです。練習終了後は、高卒同期入団の高江洲《たかえす》拓哉や後輩の井藤真吾《いとうしんご》を呼んで、『ウイニングイレブン』『実況パワフルプロ野球』『みんなのＧＯＬＦ』などを一緒にプレイ。そのころになると、インターネットで全国のプレイヤーとオンライン対戦することもできたので、彼らが自分の部屋へ帰ったあとはネットでのプレイを1人で続け、飽きたらマンガを読む……という生活で、落ち込みがちな気持ちを支えていました。

野球面の悩みも、高江洲と食事やゲームをしたときに、僕はよくこぼしましたね。

「全然、通用せえへんし、オモロないし……」

それに対して高江洲は、「打てるようになったら、そんな気持ちにはならないから、（練習を）やれば？」と、彼なりの言い方でハッパをかけてくれました。

しかし、そんな高江洲も3年目のシーズンが終了したところで戦力外通告を受け退団。05年オフの高校生ドラフトで指名されて中日に入団した高卒の同期は全部で4人いましたが、このときまでに僕以外は全員退団しました。寂《さび》しかったですね。

今、考えると、高校までは仲間と一緒にワイワイやるのが大好きで、プレーでは常に「なにかオモロイことをやったる」という、いい意味で「楽しい遊び」の延長線上としてやってきた野球が、プロに入って数年たち、「仕事」という認識をもって取り組まねばならないことを自覚していく時期だったのかもしれません。

5年目（10年）のシーズンは、一軍での出場が6試合にとどまりました。オフに契約を更改した直後にマネージャーから電話がかかってきて、背番号が8から40に変更になることを知らされたのも、けっこうショックでしたね。一時は、「もう、野球をやめようか?」と本気で思うほど、精神的に追い込まれたこともありました。

そんなどん底から、ようやく少しだけ光が差し込んできたのが6年目（11年）のシーズンでした。開幕一軍はのがしましたが、5月に一軍に昇格すると、相変わらず手探りながらも、結果は好調。6月4日のナゴヤドームでの埼玉西武ライオンズ戦では、自分が同点タイムリーを打って突入した延長11回裏、同い年の野上亮磨《のがみりょうま》のスライダーを完璧《かんぺき》に真芯《ましん》でとらえ、3年目の初本塁打以来2本目となるサヨナラホームランを、左中間へ打ちました。そして、翌日の千葉ロッテマリーンズ戦ではリリーフエースの薮田安彦《やぶたやすひこ》さんのストレートを振りきった打球がライトスタンドへ。右方向でしたが、これも打った瞬間に入ったと確信した2試合連続のサヨナラ弾となりました。

さらに、この2本のあとも調子を維持した僕は、6月のセ・リーグ月間MVPを受賞。でも、この活躍で「技術的に確固たる手ごたえがつかめたか？」というと、やはり、そんなマンガみたいなことはなく、相変わらず手探りの状態のまま。でも、気持ちの中で、「いくらやっても、できひん」という「あきらめモード」から、「やればできる。できる力はある。だから（練習を）やろう！」と思えるようになったことは大きかったです。どこへ進んでいいかわからなかった状態から、少しだけ道が開ける出来事でした。実は、この前年となる10年5月には、妻の由佳《ゆか》と籍を入れていました。同じ年の12月には長男の琉輝也《るきや》が誕生。次の年に一軍定着への足がかりをつかめたのは、家庭を持って責任感が増したこともあったと思います。

私が見た「平田良介」の素顔
COLUMN

YOHEI OHSHIMA

大島洋平 外野手

「若いころは、よく一緒に行動。センター&ライトの息も合う」

平田と初めて顔を合わせたのは、僕がまだ新人のときの2010年1月ごろの自主トレだったと思います。寮の食堂でたまたま見たのですが、朝からいきなり焼肉丼を口にしていたんです。「朝からがっつり食べてるなぁ」と軽く驚いたのを覚えています(笑)。

平田は僕よりも年齢は2歳年下ですが、プロ入りは僕より4年も先。甲子園で1試合3本塁打を打ったときの姿をテレビで見ていたので、平田の存在はもちろん知っていましたが、実際に会うと、すごく礼儀正しい人間でした。あとから入団してきた年長者の僕に対して、最初からちゃんと丁寧《ていねい》に接してくれました。

その後、しばらくのあいだは、いつも行動をともにして、食事にも毎日のように行っていましたね。行く店は、たいていは焼肉店。当時は2人とも若かったので、一緒になってけっこうな量のお酒を飲んでましたね。平田はお酒、強いですよ。

もっとも、近ごろはお互い中堅選手になったということもあり、あまり一緒に飲みには行かなくなりました。ごくたまに、チームのみんなで行くようなときはもちろん一緒に行きますけど、逆に言えばそのときくらいです。平田もずっと試合に出ていますし、もともと太りやすいので、最近は控えているようです。それに、僕が連れていくというよりは、あいつが自分で後輩たちに声をかけて連れていかないといけない年齢になったからだと思います。

2人でひんぱんに食事に行っていたころは、野球の話もよくしましたし、違う話もしました。平田はゲームが好きなんですが、僕はまったくやらないので、あいつがゲームの話をしているときは、「うん、うん」と言っているだけで、ほとんど聞いていなかったですけど(笑)。そう言えば、マンガもいっぱい持っていますね。また、以前、キャンプのときにグラウンドで音楽がかかっていたときに、平田はいろいろなジャンルの曲を知っていて、イントロクイズに答えるようなスピードで曲名を当てていました。多趣味ですね。

共通の話題になるものとしては、最近ではゴルフです。これは今でもけっこう一緒に行きます。若い選手の中では、平田はうまいほうだと思いますね。ドライバーの飛距離も、最初のころはあまり出なかったんですが、何回かラウンドしているうちに伸びていきました。などと、偉そうに言っていますが、実は僕のほうがゴルフはへたです。スコアは聞かないでください(笑)。平田のほうが良いのは確かです。

野球について言うと、同じ外野手として僕がセンター、彼がライトを守ることが多いです。

平田は自分の守備範囲の打球はきっちり捕ってくれるし、僕が平田に「あのへんに守ってほしいな」と思っていると、たいていはそこへ移動してくれています。たぶん、僕と同じような野球観を持っていて、意見が一致することが多いのでしょう。だから、今ではライトのほうをちらっと見て確認するだけでOK。守りやすいですね。仮になにか気づいたことがあっても、ひと声かければ、すぐに理解して動いてくれます。

また、打席での平田は面白いですね。とんでもない空振りをしたかと思えば、とんでもなく難しい球をホームランにしたりする。意外性があります。あれは天性のもの。高めにめっぽう強いのは、腕っぷしがあって、リストも強いからでしょう。力のある球に振り負けていないです。走塁については、足も速いし、スタートもうまい。走るスピードに関しては、僕のほうが速いけど、野球に対する地頭《じあたま》の良さのようなものを持っていて、状況判断が的確です。

16年から平田はキャプテンを務めることになりましたが、チームをまとめるというのは大変なことだと思います。身近な先輩である僕としては、後ろから見守り、困ったことがあれば、サポートしてあげられたらと思っています。

また、選手個人としての平田は、14年、15年と2年連続で規定打席をクリア。今度は3年連続を狙《ねら》うことになります。僕も含めて、プロは誰もが1年1年が勝負なんですけど、3年連続でレギュラーを守り通すことは、1つの節目になります。キャプテンという役目が加わって大変でしょうけど、その中で頑張ってほしいですね。

HIRATA
6
中日新聞
SUZUKI

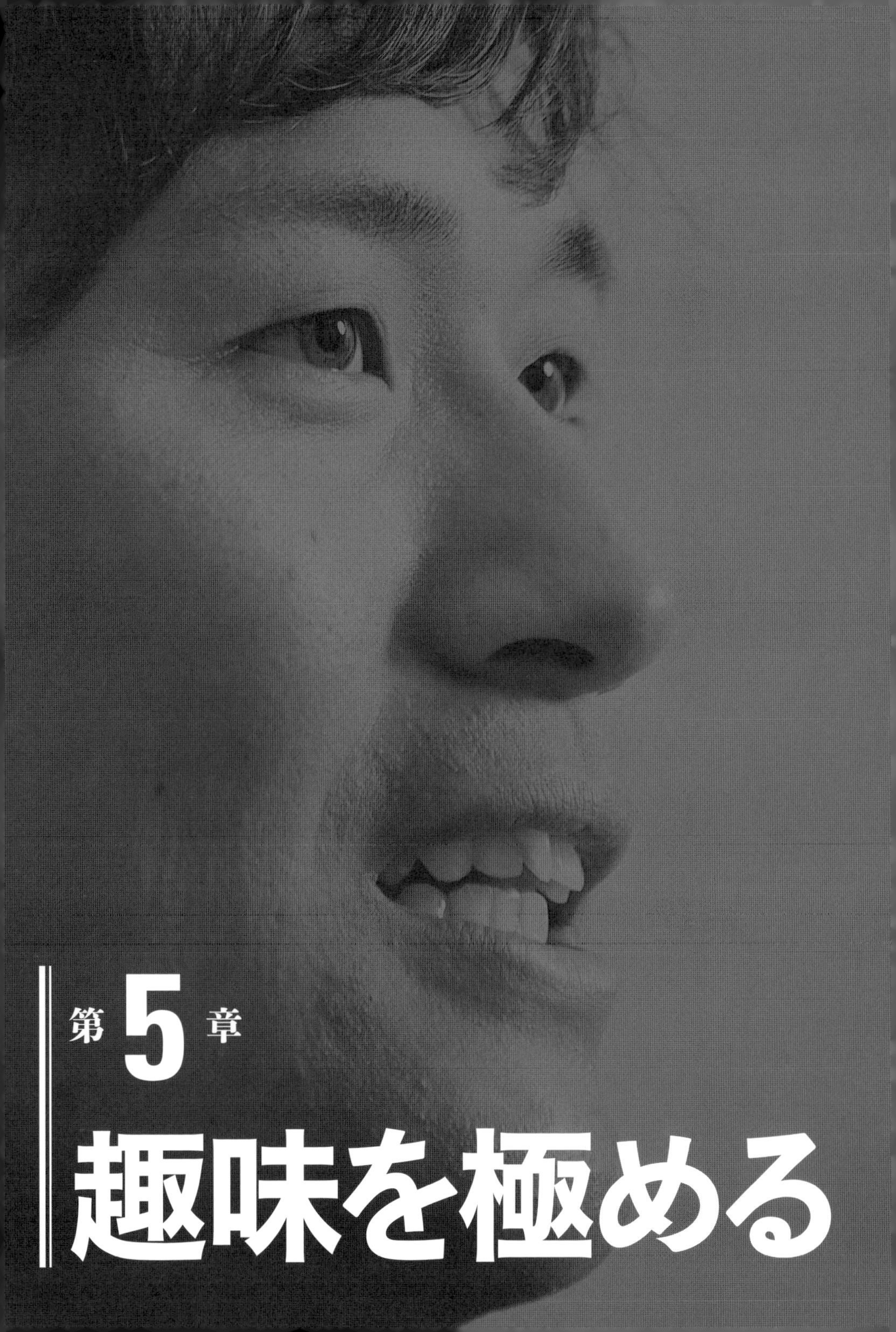

第5章 趣味を極める

ゲーム好き

すでに何度も登場しているのでおわかりだと思いますが、僕はゲームとマンガが大好きです。そのほかにも、好きなことがいろいろあります。プロ6年目（2011年）に少し結果が出て、ようやく野球についての道が開けてきたところで一度話を区切らせていただき、僕のパーソナルな部分を紙面が許す限り紹介したいと思います。

まずはゲームです。小学生のころから現在に至るまで、野球とともにずっとやっていましたから、思い入れは強いものがあります。プロ野球選手になっていなかったら、現実的には実家の運送業を継いでいたかもしれませんが、ゲームを制作する人になりたいと思ったこともあり、自分が昔考えたような戦争ゲームが実際に作られたりもしています。好きなソフトの中でも、『ウイニングイレブン』（『ウイイレ』）と『実況パワフルプロ野球』（『パワプロ』）は、ゲーム機が変わってもやり続けてきました。プロに入ってからオンラインでプレイしていたときは、『ウイイレ』が全国で315

位、『パワプロ』は全国36位までランキングを上げました。『ウイイレ』でいつも選択していたチームはFCコペンハーゲン。強豪でない分、勝つとポイントが高いのが魅力です。好きなフォーメーションは、守備重視の5バック、ダブルボランチの1トップ。「5-2-2-1」になりますかね。中盤を大きくあけたシステムで、基本はカウンター戦法。サイドバックをオーバーラップさせて縦パスでつなぐのを得意としています。

その一方、『パワプロ』は、自分のプロ入り後、少し複雑な思いでプレイしています。やはり、ほかの選手について、実際に僕がグラウンドで見ている印象と、成績によって能力数値を与えられているゲームでのパフォーマンスとでは、「若干ずれているな」と感じるからです。実力的にはパワーがある選手でも、シーズンの本塁打が少ないと、パワーが低く設定されることがありますからね。僕自身の評価についても「へ〜、こんなイメージで思われてんのやな」と感じることがあります。

あとは、『みんなのGOLF』(『みんGOL』)も長いあいだ楽しんでいますね。そのせいで、ゴルフは実際にプレーするのも好きになりました。ラウンドの仕方やルールについてはゲームでバッチリ習得していたので、リアルなゴルフもすぐに馴染《なじ》めましたね。でも、実際のゴルフはゲームのようには、うまくいきません(笑)。

最近では、『人狼《じんろう》ゲーム』も大好きです。知っている人もいると思いますが、村《むら》人《びと》サイドと人狼サイドに分かれて話し合いをしながら、どちらが生き残るかをかけて戦う推理ゲームです。村人を襲う人狼が誰なのかはわからないため、ほかのプレイヤーの話しぶりや顔色から誰が人狼かを見抜けるかがポイントになります。僕はもともと、人同士の心理の読み合いが大好きなので、ずいぶん前からこのゲームを知っていましたが、ある日、後輩の赤坂和幸《あかさかかずゆき》が僕に言ってきたことがあったんです。

「平田さん、人狼ゲームが今また、スマホのアプリで流行《はや》っているらしいですよ」

「そうなん? じゃ、やろうや」

赤坂とそんな会話があり、チームメイトを集めて『人狼ゲーム』をやり始めました。今、赤坂が熱心にチームに広めています。これらのゲーム話は、ごく一部。ゲームについて語り出すとキリがないので(笑)、このへんにします。

ただ、僕は結婚してから1つの決めごとを作り、守っています。それは、「家ではゲームをしない」ということ。今は遠征時にスマホのアプリゲームをしたり、春のキャンプ時にプレイステーションシリーズのハードなどを持参して宿舎で遊んだりはするけど、それ以外ではゲーム機はホコリをかぶっています。プロ野球選手は、妻子と一緒にいる時間が少なく、とくにシーズン中は、なかなか顔を合わせられない。そのため、結婚を機に、「家族とすごす時間を大事にしよう」と、自分で決めたのです。

人が持っていないものを選ぶ

僕がゲームのほかにマンガも大好きで、事情の許す限り買い集めて読んでいることは、第2章で書きました。高校卒業時点で約1200冊は所有、その後も数はさらに増え続けて、今ではおそらく2000冊くらいかと思います。先に挙げたマンガ以外に、『キン肉マン』『北斗の拳』『B《ビー》・B《ビー》』『鬼神童子《きしんどうじ》ZENKI《ゼンキ》』『みどりのマキバオー』『中華一番』『烈火の炎』『爆走兄弟レッツ&ゴー!!』『哲也―雀聖《じゃんせい》と呼ばれた男』『ライジングインパクト』『MAR《メル》』『サンケンロック』『名探偵コナン』『東京《トーキョー》喰種《グール》』などなど……。名前を挙げたら、本当にキリがありません(笑)。活字本では、東野圭吾《ひがしのけいご》さんのミステリー小説や、最近では北野武《きたのたけし》さんの『新しい道徳』を読みました。

プロ入りしてからは、映画も見るようになりました。中学や高校時代には、あまり見ていませんでしたけど、最近はオフになると子どもと一緒に見に行くことが多いです。今まで見た作品の中で印象深いのは、『タイタンズを忘れない』ですね。黒人差別に絡《から》んだラグビーの話で、黒人と白人の合同チームを作った実話をもとにし、最初はいがみ合いながらも徐々に結束するようになり、ついに奇跡を……という話です。ほかにも、『私の頭の中の消しゴム』など韓国映画も見ますね。日本の映画だと『信長協奏曲《のぶながコンツェルト》』、テレビドラマでは『半沢直樹《はんざわなおき》』『ルーズヴェルト・ゲーム』、少し前なら『ライアーゲーム』など、いろいろ押さえています。

仲間と盛り上がるのが好きなので、飲みに行ったときにはカラオケを楽しむこともあります。ジャンルはかなり幅広いですけど、アニメソングがけっこう多いですかね。ただ、コテコテのアニソンではないですよ。僕が子どものころに見ていた1990年代のアニソンって、すでにJ-POPのアーティストが歌っていることが多くなっていましたから、その手の曲を歌っています。何食わぬ顔で、しれっと歌ってから、「実はこれ、アニメの主題歌なんだよ」と、ドヤ顔したりします（笑）。

また、一時期、「ももいろクローバーZ」の曲を振り付きで歌ったりしました。場が盛り上がるだろうと思い、動画サイトを見ながら1人で練習（笑）。ももクロの歌はノリがいいので、13年は、打席に入るときの登場曲としても使わせてもらいました。

ファッションについては、カジュアルなものを着ていることが多いです。黒やグレーのTシャツに青や紺、カーキ色などのジーンズ姿などですね。体型ががっしりした筋肉質なので、服の色は派手な原色系よりも落ち着いたものを選んでいます。そのかわり……と言ってはなんですが、靴はカラフルなものが多いです。上が黒系になってしまうので、せめて足元くらいは華やかさを出そうとしています。

時計も好きです。昔はトミーヒルフィガーをつけていましたが、それは高い時計を買えなかった時代で、今はウブロのものをつけています。プロに入ってからネックレスもするようになりました。若いころはタケオキクチで、今は「プレミア12」のときに台湾で買ったものをしています。ブレスレットは石が埋め込まれたエスニックな雰囲気のものを妻が作ってくれたので、それを愛用していますね。あとは数《じゅ》珠《ず》。実は（中田）翔が詳しくて、彼に「仕事運が上がる」と言われているものを教えてもらって、手に入れました。年齢を重ねるにつれて、身につけるものには「光るものが増えたな」と思います。同じ黒のTシャツにしても、金色のデザインが入っていたり。僕に限らず、プロ野球選手はキラキラしたものをつけたがりますね（笑）。なぜなのかは、自分でもよくわからないです。「普通の人があまり身につけてないものをつけたい」という潜在意識かもしれません。

ヘアスタイルは、ときどき薄く色をつけたり落としたりすることはありますけど、基本は黒です。翔のように金髪にするようなことはないです。それは球団の方針もありますし、僕自身もそこまではするつもりはありません。

そして、プロ野球界には、車好きな選手が多いですが、僕はあまり人が乗っていないような車種が好きです。最初に買ったのはアメ車のダッジ・チャージャーSRT8で、色は黒。7年間乗り、2年前に買いかえたのが、今の白いポルシェです。運転技術は、助手席に乗って車に酔った人が誰もいないので、穏やかかと。普段は自宅とナゴヤドームの往復がメインで、遠出しても、大阪の実家に帰るくらいです。

チームメイトと焼肉

プロに入ってから結婚するまでのあいだは、ほとんど寮暮らしでした。ファーム時代の初期は、吉見一起《かずき》さんによくラーメンをおごってもらっていました。吉見さんは05年オフの大学・社会人ドラフトの希望入団枠で中日に入ったので、僕とは同期。大エースですが、2年目くらいまではファームで一緒にプレーしていました。

僕が一軍に定着するようになってからは、10年に入団した大島洋平さんと、ほとんど一緒にいた時期がありました。だからプライベートのことを相談するのは、大島さんが多いです。同じ外野手で、長いこと一緒にやっていますから。大島さんは、見た目まじめそうに見られているようですけど、実際は真逆で面白い人なんです。そして、なぜか僕のほうがバカっぽいキャラクターとして見られることが多い。これがどうにも納得できません(笑)。僕は中学まではちゃんと勉強をしてきた人なんで。この場を借りて、その点については強調したいです。

最近では、福岡ソフトバンクから移籍してきた亀澤恭平《かめざわきょうへい》と仲良くしています。15年は、食事はいつも一緒。たぶん、妻よりも長い時間、顔を合わせていたと思います。ちゃんと確認はしていませんが、おそらくかなりの金額分をご馳走《ちそう》したはず。感謝してほしいですね(笑)。まぁでも、こういうことは、僕がもっと若いころに大島さんやほかの先輩から同じようにご馳走してもらった経験があるからです。ただし、僕はナゴヤドームで試合があるときは、まっすぐ家に帰るようにしています。また、家ではお酒も飲みません。これも家族とすごす時間を第一にしようと思い、決めたこと。ですから、チームメイトと連れ立って食事に行くのは遠征のときがほとんどです。

遠征先で行くお店は、焼肉屋が多いです。迷ったときは焼肉屋になります。1週間遠征に出たときに、焼肉、焼肉、焼肉、違うお店、焼肉、焼肉、焼肉……なんてこともありました。部位はハラミが好きですね。もし、ぜいたくできるなら、シャトーブリアンのほうがいいですが、なかなか食べられませんから。遠征先で焼肉のときは、だいたい、韓国のお酒のマッコリを飲みながら食べることが多いです。

僕自身、焼肉は「美味《おい》しく食べたい派」です。亀澤が焼肉奉行《ぶぎょう》で「僕のタイミングでやらせてください！」と言ってくるので、「どうぞどうぞ！　美味しく焼いてー」と、いつも任せています。ただ、スタートはやはりタン塩から。これにはこだわりたいかな。そのあと、タレ系にシフトします。僕が焼くときは、あまり一気にはいきません。焼くのは人数分だけ。でも、すぐに食べたいので、裏返したタイミングで次を焼くようにしています。シメには、冷麺《れいめん》を頼むことが多いです。

先ほども書いたように、名古屋で試合があるときは、自宅で食事することが多いので、最近はチームメイトと焼肉屋に行く機会は減りましたが、知人や家族を連れて、たまに行きます。そんなときは、名古屋の繁華街・栄《さかえ》にある「源'S《ゲンズ》」などに行きますね。あそこは、同じビルに寿司屋もあるので、便利なんです。

名古屋では寿司屋に行くことも多いですね。そのときは、もう、お店に完全にお任せすることがほとんど。ただ、サヨリが大好きなので、「すみません。サヨリだけ、リクエストしていいですか？」と言うことはあります。

食べることは大好きですが、僕はもともと太りやすくて痩《や》せやすい体質です。なので、オフに体を動かさないとすぐに太る。過去最高で102キロになったことがあったけど、その年のシーズン中には91キロくらいまで下がりました。ただし、夏場に痩せすぎることはなく、一定のところまで落ちると止まる。だから、夏バテした経験はありません。食欲が若干落ちることはあるけど、妻がもずくやそうめんなど、食べやすいものを用意してくれるので助かっています。16年はキャンプ終わりで96キロくらい。開幕前には92キロくらいまで減りました。悪くない状態でした。

15年まで兼任監督を務め、16年から専任となった谷繁元信《たにしげもとのぶ》監督とは、今までは込み入った話をする機会がさほどありませんでした。僕から話しかけることはあまりないので。ただ、監督専任の立場になられたこともあり、これからは話をする機会が増えるはず。僕も16年シーズンはキャプテンに指名されたので、チームに必要なことは、積極的に監督とディスカッションしていきたいと思います。

中日の先輩では、荒木雅博《まさひろ》さんが自主トレに誘ってくれたり面倒を見てくれました。また、巨人に移籍した井端弘和《いばたひろかず》さんとも中日在籍時はよくしゃべりましたね。『みんＧＯＬ』の延長線上の趣味として始めたゴルフは、大島さんや森野将彦《まさひこ》さんがよく誘ってくださり、沖縄・北谷《ちゃたん》キャンプの休日などに一緒に行くようになりました。ベストスコアは82ですが、普段は90台。ドライバーの飛距離は270ヤードくらい。プロ野球選手には300ヤード飛ばす人もいますから、あまり飛ばし屋とは言えないですね。僕は打球が右にスライスするので、それを計算に入れて極端に左サイドを狙《ねら》って思いきり攻めたりします。逆に「らしくない」と思われるかもしれませんが、アプローチやバンカーショットなどの小技は好き。ドッグレッグ（左右いずれかに曲がっているコース）のようなトリッキーなホールを攻めるのもワクワクします。

また、ドラゴンズ以外の球団で交流している選手は、実はそれほど多くはありません。ノリが合うことがわかると仲良くなれるのですが、そこまで長い時間話をする機会があまりないですからね。必然的に高校時代から顔見知りだった選手や、大阪桐蔭の先輩、後輩がメインになります。以前からよく話をしていたのは、やはり同じ大阪のボーイズリーグ出身の東京ヤクルト・川端慎吾ですね。最近は「侍ジャパン」でも一緒になることが多いです。大阪桐蔭のつながりでは、岩田稔《みのる》さん（阪神）、中村剛也《たけや》さん（埼玉西武）、西岡剛さん（阪神）、それに、何度か名前を挙げている中田翔（北海道日本ハム）や、浅村栄斗《あさむらひでと》（埼玉西武）、藤浪晋太郎《しんたろう》（阪神）、森友哉《ともや》（埼玉西武）などなど、ほかにもたくさんいます。西岡さんとは、自主トレを一緒にさせてもらったこともあります。優しい中に厳しさもある、尊敬できる先輩です。そのときの経験を生かして、今は僕が西岡さんのように音頭《おんど》を取ろうと思い、16年の1月はチームの赤坂和幸、福田永将《のぶまさ》、古本武尊《ふるもとたける》に声をかけて、一緒に自主トレをしました。

また、翔は僕と会うとき、必ずと言っていいほど、北海道日本ハムの後輩を連れてくるんです。西川遥輝《はるき》や中島卓也《なかしまたくや》といった面々ですね。そのため、オープン戦や交流戦で日本ハムとの対戦があると、試合前にやたらとファイターズの選手が、僕のところにあいさつに来る。「ハムには知り合いがメッチャおんなぁ」と、改めて感じました。それと、横浜DeNAのホセ・ロペスとも仲良し。15年のオールスターのときに初めてベンチで話をしてから、彼が守る一塁に出塁したときにも話をするようになりました。実を言うと、小学校1年生から中学3年生まで英語塾に通っていたので、聞くほうは少しならわかります。話すほうは単語を並べただけの片言ですけど、向こうも同じような感じで日本語を混ぜてくれますからなんとかなります。ハートがあれば大丈夫です！

私が見た「平田良介」の素顔
COLUMN

KYOHEI KAMEZAWA

亀澤恭平 内野手

「ホークスの人たちと同じ香り。年間おごられ額は300万円!?」

僕は2014年のシーズンオフに福岡ソフトバンクから移籍してきましたが、平田さんは僕の中で、「ホークスのチームメイトと同じ雰囲気、香りやオーラを漂わせた人」という印象でした。どういうことかというと、マッチ（松田宣浩《のぶひろ》）しかり、ギータ（柳《やなぎ》田《た》悠《ゆう》岐《き》）しかり、ちょっとわけがわからない発言をして、周囲が「？？？」となる共通点があります(笑)。でも、本人はけっこう真剣なんですよね。普通の人には理解できない領域にいるというか、ちょっと変わっていると思われるタイプです。ドラゴンズにはあまりいませんが、前のチームではわりと普通にいたので、「この感じはホークスによくいる人だ」と、僕も馴染《なじ》みやすかったです。

例えば、練習のあとに着替えていると、寒い時期には汗が蒸発して湯気《ゆげ》が出ることがあるじゃないですか？　平田さんが自分の湯気に気づくと、「今日の俺、白い体やな」とか言うんです。その場にいる人全員、どうリアクションしていいのかわかりません。ほかの選手は「また、平田が変なことを言っている」という感じで聞かぬフリをするので、まわりがシーンとなる中、僕が「平田さん、もうええって！」とツッコミを入れ、拾ってあげます。寂《さび》しがり屋なので、誰も反応しないと、落ち込んでしまいますから（笑）。でも、似たタイプのホークスの面々で慣れていたこともあり、僕はいい意味で平田さんの扱いをうまくできたので、自然と仲良くなりました。僕が1歳年下の後輩ということで、年齢が近かったのも良かったのかもしれません。

15年シーズンは、試合後、平田さんといつも一緒に行動していましたね。平田さんはきっと、奥さんよりも僕と一緒にいる時間のほうが長かったと思います（笑）。遠征に出たときは、食事もほぼ毎日、一緒に行っていましたからね。しかも、そのうち8～9割は僕と平田さんだけ。2人きりでした。さすがに、地元・名古屋で試合があるときはそんなことはなかったですけど、それでも知り合いに会うときや、ゴルフコンペなどにもよく誘っていただきました。

ビジターの試合のときは、試合が終わると、まず、平田さんの部屋に行って、2人でその日の試合の反省会をします。今日はどういうときのどのプレーが良くて、どこが良くなかったか、などを話し合います。そのあと、僕はいったん部屋に戻り、風呂に入ったあと、2人で食事に出かけます。そこから先は、野球の話はあまりしないですね。たまに他球団の選手に関する話などはしますけど、自分のプレーや野球に対する考えを話すことはほとんどないです。

食事は、鉄板焼きか焼肉が多かったです。お酒も2人で飲みますよ。平田さんは、普通の人よりは飲むほうだと思います。ビール、焼酎《しょうちゅう》、いろいろですね。楽しくなってくると、テキーラとか強いお酒を注文することもあります。そうなると、ワイワイ騒いでいますね。たまに4、5人で行ったときには、カラオケで歌うこともあります。平田さんはアニメソングを歌っている印象が強いです。『スラムダンク』とか『ワンピース』の歌とかですね。でも、全般的にほかのジャンルも知っていて、よく歌っています。秦基博《はたもとひろ》さんの歌とかを、2人でデュエットしたこともあります。平田さん、歌はうまいです。15年はいろいろなところに連れていってもらい、大変お世話になりました。僕にかなりのお金を使ってくださったかと思います。1年間でおごってくれたのは、おそらく推定300万円くらい!? 本当にありがたいです。

平田さんはゲームも大好きです。一緒にやることもあります。今、2人でハマっているのは『マジック:ザ・ギャザリング』というカードゲーム。平田さんはロールプレーイングゲームなどよりは、カードゲームのほうが好きみたいですね。『ギャザリング』はスマホにアプリを入れて楽しんでいます。一緒にやったり、カードの種類の話などをよくします。平田さんは一度ハマったゲームをずっとやるタイプです。スマホのゲームを楽しんでいる人は、チームでもけっこういますよ。『ツムツム』『LINE POP』など、LINEのゲームをみんなやっているようです。

平田さんはチームカラー的にホークスのようなところでは大歓迎でしょうが、大人なチームカラーのドラゴンズでは不思議発言が「?・?・?」となりがちなので、少し空気を読んだほうがいいかも(笑)。いや、僕は構わないですけど。それと、今回本を出すとのことで、僭越《せんえつ》ながら僕も協力したので、売れたらぜひ、印税を1割ください(笑)。これからも頼りにしています!

Dragons
6

Dragons
6

Dragons
6

第6章 自然体で行く

自分のバッティングを確立

2試合連続サヨナラホームランを打った2011年は、10月の最終戦でプロ入り初の4番でスタメンも果たしました。打順についてはまったくこだわりはなく、試合に出られれば何番でも構わないですが、気分は良かったですね。結局、この年は113試合に出場して打率2割5分5厘、11本塁打、38打点という成績。100試合以上出場、2ケタ本塁打など、今までにない数字が並びました。

この経験を生かして、翌12年はもっと成績アップにつなげたかったのですが、そう格好良くはいかないものです。開幕ゲームではスタメンで出場してホームランを打つという好スタートを切ったのに、あとが続かず。ぎっくり腰で戦線離脱するなど故障もあって、91試合、打率2割1分6厘、11本塁打、32打点と、ある程度一軍に定着するようにはなったものの、前年の成績を超えることができませんでした。

そして、13年は開幕スタメンはならず。それどころか、いつまでたってもヒットが出ず、なんと、33打席ノーヒットという屈辱を味わい、ファーム落ちもしました。

とはいえ、落ち込んでばかりもいられません。自分のバッティングフォームを見つめ直して、打てているときと打てないときの違いを自分の感覚でつかむ努力を続けました。そして、5月10日に一軍に復帰した直後は、与えられたチャンスの中で「とにかく次の打者につなごう」という気持ちで必死に向かっていったところ、なんとか結果が出ました。終わってみれば、118試合に出場して打率2割8分9厘、15本塁打、55打点。11年を上回る数字を残すことができました。

そしてこの13年、さらに朗報だったのが、11月8日から台湾代表との強化試合に臨む「侍ジャパン」の日本代表メンバーに選ばれたことです。まさか自分が選ばれるとは思っていなかったので、驚きと喜びがありました。11月5日に招集されたあと、国内で1日だけ練習して7日に台湾入り。8日から行われた3連戦のうち、僕は初戦に代打でライトへタイムリー2ベースを打ったあと、2戦目は指名打者として先発出場し、最初の打席でレフト線に再び2ベースを打って3打数1安打。3戦目は出場しなかったのですが、高校以来となる「JAPAN」のユニフォームを着てプレーできたことは、気持ちのうえでかなりの自信になりました。

さらに、台湾から帰国後の契約更改で、背番号が再び変わることになったのです。新しい番号は「6」。井端弘和さんの移籍にともない、あいた番号でした。

この番号は、ドラゴンズの監督としてお世話になり、一度退《しりぞ》いたあと、この年のオフにゼネラルマネージャー（GM）に就任した落合博満さんが現役時代につけていた番号でもあります。けど、僕にはその意識がまったくなくて、「『6』と言えば……井端さん！」というイメージが先に出てしまいました。あとになって、まわりの人たちから教えていただいて、一層の重みを背負って受け止めました。

そして、チームの大黒柱だった谷繁元信さんが選手兼監督となって新たな体制で出発した14年、僕は開幕から4番で出場。交流戦以降は4番から外れましたが、9年目にしてようやく規定打席に到達し、119試合で打率2割7分7厘、11本塁打、65打点を記録しました。もともとケガが多くて苦労してきたので、7月に一度、足の故障で離脱したとはいえ、規定打席に到達したことは、「安定して出場することができた」という実感を得られました。しかし、チームの順位は4位。2年連続B

クラスになってしまったし、バッティングも相変わらず「つかめた」というところまでは至らず。課題が残ったシーズンでもありました。

ただ、このころになると、「自分のスイングのベースは、コマが回るように、クルッと軸回転することにある」というところにたどり着けました。その状態がキープできているときは、ボールをギリギリまで見極めてからスイングをしてもインコースに詰まることはないし、アウトコースは右方向のフェアゾーンに鋭い打球を放てる。でも、打てなくなっているときは、右肩が下がったり、左ヒザの開きが早くなったりするなど、いくつかの兆候があることがなんとなくはわかってきました。

そのため、以前のようにフォームをコロコロと変えることはなくなったのです。では、悪い兆候が出てきたときに、どのような練習をして対処していけばいいのか？　徐々にではありますが、その対策を自分で考え、実行できるようになっていました。

その成果が結果として表れたのが、15年だったと思います。130試合に出場して打率2割8分3厘（セ・リーグ6位）、13本塁打、53打点。成績だけみれば、前年（14年）とあまり変わっていないかもしれません。しかし、自分の中では現時点でのベストキャリアだったと思っています。とくに、不調になっても、自分の中で迷うことなく、ある程度修正ができるようになってきたのは収穫でした。

初の2ケタとなる11盗塁を記録できたことも明るい材料です。過去に、なかなか盗塁ができなかったのは、プロ入り前のＡＡＡ《スリーエー》アジア野球選手権のときに帰塁のヘッドスライディングで右肩を故障して以来、リードが思いきってとれない時期が長く続いていた影響でした。でも、隙《すき》をついて次の塁を狙うのは僕のプレースタイルの1つですし、元来、盗塁をすること自体が好き。盗塁数が増えたことは、体の感覚として右肩負傷の怖《こわ》さから吹っきれつつあるのだと思います。また、守備についても昔から好きでスランプ知らずですから、変わりなくプレーできましたしね。

そして、「侍ジャパン」の一員に選ばれ、シーズンオフに日本と台湾で開催された世界野球「プレミア12」の8試合で打率4割2分3厘、6打点と活躍できたことが大きかった。さがしていた打撃のベースが確立されたと同時に、プロ入り後は得られていなかった「自信」を、この大会で手に入れられた気がします。技術面もありますけど、大きかったのはメンタルでした。思えば、高校生までは自分の感覚に任せて自由にプレーしていました。プロに入って、そのレベルの高さと、「仕事」としての野球に戸惑い、本来自分が持っていた「自然体」ではいられなくなった部分はあったと思います。打撃のベースを確立できつつある今、ようやく、プロとしての責任を負いつつ、僕本来の「自然体」を出せるようになってきたのではないでしょうか。よく言われる「勝負強さ」についても、自分ではわからない部分はまだありますが、若いころよりも質が向上してきている気はするので、これからも追求したいです。僕自身、ひそかに今後への期待が高まってきています。

盛り上げる力

16年のシーズンに向けて、僕は谷繁監督からチームのキャプテンに任命されました。ドラゴンズは、これまで職人肌の選手がキチッと仕事をすることで勝利するスタイルでした。ただ、僕は子どものころから、友だちとワイワイやりながらすごすのが好き。その流れで野球を好きになった人間です。その意味では、同世代の仲間や後輩たちと率先してコミュニケーションを図って盛り上げたいと思っています。

とはいえ、実は僕は、相手からいきなり友だち感覚で迫られると引いてしまうほう。でも、お互いをリスペクトし合うとノリが良くなるタイプです。そんな性格が功を奏して、いい思い出を作れたことが過去に何度かあります。1つは、高校3年生のAAAアジア選手権大会のとき。同じ宿舎にすべての国の選手が宿泊し、僕は日本選抜チームの選手の中でいちばん端の部屋でした。すると、となりの部屋から壁越しに中国語の会話が聞こえてきたので、思いきってあいさつしに行ったのです。

「ニーハオ！　アイム、ジャパニーズ！」

突然の日本人選手の来訪に、向こうの中国人たちも面食らっていましたが、部屋にはなんとゲーム機が置いてあるではないですか！　しかも、ソフトは中国語版ながら、僕が得意としている『ウイニングイレブン』と『パワプロ』。素晴らしい状況です（笑）。

「おお、ゲーム！　プレイ、プレイ！」

その場でゲーム大会が始まり、わずかな時間ながら国際交流を果たしました。

また、高校3年生の修学旅行でも面白いことがありました。大阪桐蔭高校の修学旅行はスケールが大きく、行き先をアメリカのロサンジェルス、オーストラリア、フィンランドから選ぶことができました。僕のクラスはロサンジェルス。初日はメジャーリーグの球場「ドジャースタジアム」を見学して、チャイニーズシアターへ行き、ＮＢＡのプロバスケットボールの試合を見ました。２日目はユニバーサルスタジオに行って、３日目がディズニーランド、４日目が買い物や散策などをするという豪華な内容で、いっぱい楽しみました。その中でもとくに思い出に残っているのが、宿舎の施設にあった体育館で、夜中にアメリカ人とバスケットボールの試合をしたこと。宿舎の敷地がメチャクチャ広かったので、夜に「みんなで探検に行こうや」と10数人で散策していると、体育館の照明が灯《とも》っていて、バスケットボールのドリブルの音が聞こえてきました。行ってみると、大学生と思われるアメリカ人の青年たちがバスケをしていたのです。そうなれば、もう参戦するしかありません。

「レッツプレイ！　ゲーム、ゲーム！」

小中学生の9年間習っていた英語を生かして……と言っても、単語を並べるだけですけど、僕が声をかけたところ、向こうも「ＯＫ！」とノリノリで受けてくれました。ならば、もう言葉はいりません。「おい、バスケ部おるか？　連れてこい！」と、探検には来ていなかった別のクラスのバスケットボール部員を急いで呼び寄せ、僕も対抗戦を楽しみました。時間にして30分程度だったとは思いますが、修学旅行で現地の人とバスケをする高校生なんて、あまりいないんじゃないですか？

僕は「世界平和」という言葉が好きなんです。小学生のころから口にしていました。理由は、「世界が平和だったら、すごしやすいから」。戦争が起きたら、野球も続けられないですしね。現実にはなかなか難しいですけど、僕なりの国際交流をしながら、世界平和を願っていきたいです。

最近でも、「プレミア12」で台湾に行ったときに、面白いことがありました。大会中、試合のない日に時間ができたときに、気分転換に街《まち》に出かけることがあったんです。（中田）翔を連れてスタジオジブリのアニメ映画『千《せん》と千尋《ちひろ》の神隠し』のモデルになった九份《きゅうふん》（ジォウフェン）という町に行ったりもしましたが、食事のほうも「今回は」なにを食べても美味《おい》しく、堪能《たんのう》できた。なぜ「今回は」とつけたのかというと、13年の「侍ジャパン強化試合」で初めて台湾に行ったときは、宿舎の食事がまったく合わなかったんです。みんな最初のひと口目を食べた瞬間、「う……」。翔だけは1人でバクバク食べていましたけど（笑）。あとで聞いた情報によると、どうやら香辛料（胡椒《こしょう》）が合わなかったらしいです。やむなく、外に出て食べられる店をさがしたのですが、そこでも合う合わないがあり、台湾代表として参戦していた李杜軒《リー・トゥーシェン》（福岡ソフトバンク）が「ここなら大丈夫」と案内してくれた店もしっくりいかず。そのため、翔や菊池涼介《りょうすけ》、丸佳浩《まるよしひろ》（ともに広島）らと食事に行ったときは、最初に出てきた料理の前でジャンケンをして、負けた者がまず味見をするようにしていたほどでした。

でも、2日目に行った焼肉屋は日本語が通じて味も合ったので、以後はその店へ。そこでは、最初、台湾ビールを飲んでいたのですが、日本のよりも薄い感じがして物足りなさを覚えていたところ、3日目になってその店にアサヒビールが置いてあることに気づいたのです。そこで、「アサヒ、アサヒ！　アサヒ、カモン！」と、ノリノリで店員に注文しました。

野球のときもそうですが、僕はきっと、仲間とワイワイやることが好きなんでしょうね。だから、盛り上がりそうなイベントのにおいを感じると、無意識のうちに

「仕掛け人」になります。根っからのお祭り好きかもしれません。ドラゴンズの試合でも、毎日お祭りのような雰囲気の中でやりたいです。僕たちにできるのは試合に勝つことはもちろんですが、仮に負けても、盛り上がってほしい。そのためには、16年春のキャンプでやったように、サインをたくさん書いてファンサービスをするなど、できるだけのことはしたいと思っています。

未来に向けて

ここで、僕の大切な家族について話をさせてください。いつも支えてくれている妻の由佳《ゆか》は、同い年で性格はけっこう男っぽいです。初めて会ったときは、のほほんとしているように見えましたが、深く知っていくと、なかなかに芯《しん》の強い女性だと感じました。そのため、家族のことについて最終的に決断するのは僕ですが、夫婦間ではどちらかが主導ということはなく、極めてイーブンな関係です。また、妻は調理師免許を持っていて、美味しいごはんを作ってくれることは、体が資本であるプロ野球選手にとってはありがたい限りです。

子どもは2人。長男の琉輝也《るきや》が16年の12月で6歳、長女の萌音《もね》が5月で3歳です。家族3人の名前は僕のグラブに刺繍《ししゅう》してあって、常日頃から見ています。

息子の琉輝也という名前は、『BLEACH《ブリーチ》』というアニメ化もされたマンガのキャラクター・朽木《くちき》ルキアからとりました。女死神ですが、見た目や振る舞いは美少年剣士風の出で立《いた》ちをしています。きっかけは、たまたま妻とアニメの『BLEACH』を見ていたときに、僕が「ルキアで良くない？」と話しただけなんですけどね。

「ルキアだと女の子みたいだから……」

「じゃ、ルキ〝ヤ〟？」

そんなやり取りで決めてしまいました。

一方、萌音のときは、妻が名前をつけることになり、妻は以前から水墨画《すいぼくが》が好きで、『睡蓮《すいれん》』などにおける作風が水墨画に通じるものがあると言われている、フランスの画家のクロード・モネがお気にいりだったことから、その名をいただきました。

家族のためにも、これからもっともっと稼ぎたいですね。それには、タイトルを視野に入れ、もっと良い成績を残さなくてはいけない。15年には柳田悠岐《やなぎたゆうき》（福岡ソフトバンク）と、僕と同じ大阪出身の山田哲人《てつと》（東京ヤクルト）が打率3割、30本塁打、30盗塁の「トリプルスリー」をともに達成。すごいと思いました。三拍子揃《さんびょうしそろ》った選手像は僕にとっても理想の姿なので、彼らと同じように目指していきたいと思っています。そして、もう一度優勝して、みんなでV旅行に行きたい。前回ハワイに行ったときは、子どもが生まれたばかりで動きがとりにくい状態でした。今度は妻と子どもを連れて、ダイヤモンドヘッドなど、いろいろなところをめぐりたいです。

海外と言えば、メジャーリーグでプレーすることについては、今のところ、そういう気持ちはありません。この先、「目覚める」かもしれませんけど、まだその域ではないかな、と。それよりも、「侍ジャパン」のメンバーとして、日の丸を背負ってプレーし続けたいと思っています。

また、将来的に、指導者をぜひやってみたいと考えるようになりました。先にお話ししたように、以前は野球を見ることに対してあまり興味を持っていませんでした。だけど、常に野球に関われるということは、僕にとってはすごく幸せなことです。そう思うと、食べ物の好みが年齢とともに変わっていくのと同じように、最近は野球を見ることが好きになり、教えてみたい気持ちも出てきました。

「プロ野球選手になりたい」と思っている少年野球やアマチュア野球のプレーヤーがいたら、まず、自分の理想像を思い描いて、そのためにどうすればいいかを考えてください。それと、好きなことだけではなく、勉強など嫌いなこともやること。いやなことも頑張れれば、あとになって必ず生きると思います。

16年、僕はなんとか得られた「自信」を携《たずさ》えてペナントレースに挑んでいます。それと同時にプロとしての「責任」も自覚できた気がします。今後もあくまで楽しくプレーすることを変えるつもりはないですが、高校時代からはるかにレベルアップした別次元の「自然体主義」でプレーし、「自分らしさ」を発揮しながら、「勝負強さ」をいっそう磨いていきたいと思っています。開幕早々、左股関節痛《ひだりこかんせつつう》により登録を抹消《まっしょう》されるアクシデントに見舞われましたが、もう大丈夫！　チームも優勝を目標に、士気が高まっています。僕も気持ちを盛り上げながら、リーグ優勝、日本一、そして明るい未来に向かって、「自然体」で突き進んでいきます！

MASAHIKO MORINO

森野将彦 内野手

「予想しないことをするタイプ。金のネックレスは目立ちすぎ(笑)」

平田と最初に会ったときは、ヤンチャな感じでしたね。いかにも関西人気質の子……いや、高校から入ってきたのに、「関西のオッサン」という雰囲気が出ていました(笑)。当時のドラゴンズの雰囲気には、全然マッチしなかった。でも、話をしてみると案外素直で、勉強をまったくしていないようなタイプではなかったです。それに、内面は優しくて、けっこうおとなしい性格だなと感じました。それは、今でも思います。

バッティングに関してアドバイスすることは、とくにありません。高校時代に甲子園で1試合に3発打った姿をテレビで見ていますし、そういうすごいものを持っているからこそ、球団もドラフトで1位指名したわけですからね。プロに入ってからも、サヨナラホームランを2日連続で打つなど、なにか持っているものがある。予想もしないようなことをやってのけるタイプです。

むしろ、技術的なものよりも、考え方の部分でアドバイスをすることはあります。平田の良さは、自分で何事もうまくこなせてしまうことです。柔らかいバッティングもできるので、結果にこだわりすぎると、器用さが逆に災《わざわ》いしてどうしても技に走ってしまう、自分のスイングを忘れてしまう、という部分もあります。そういうときに、「平田らしさを出したほうがいいんじゃないか？　もう少し思いきって振ってみろよ」と、言うことはありますね。

平田や大島（洋平）がまだ若手だったころは、彼らをよく食事につれていきました。今もたまに食事に行くことがありますけど、平田はもう、年齢的に誰か後輩たちを誘わなくてはいけない立場ですからね。そのあたりを考えつつ、なにか必要があったときには僕からまた誘えるようにだけはしておいて、今はあえて近すぎず遠すぎずといったところから見守っています。

どちらかというと、最近はゴルフ仲間です。平田のゴルフは、やり始めたころに比べたらだいぶ成長しました。ドライバーを打つときは、バッティングと同じような構えをします。ちょっと落ち着きのないような感じ。フォロースルーはまるでバットを振っているんじゃないかと思うほど大きいです。それでいて、けっこうまっすぐ飛びますからね。飛距離もまずまず出ますけど、僕のほうが飛びます（笑）。ゴルフ以外に、普通の世間話もしますね。平田が車を買うときには、「なにがいいですかねぇ？」と聞かれたこともあります。車はヤンチャ仕様にしていますよ。派手好きですから。金色のホイールを入れたりしてね。「普通、金色にしないだろう？」と思いましたが、そういう色を選ぶのが平田らしいところ。また、金のネックレスもしていますよね。僕たちが子どものころに見ていた「ザ・野球選手」という感じです（笑）。以前は、「お前、そんなの持つか?」と思うくらいの、大きなセカンドバッグのような財布を持ち歩いていたこともありました。「それ、どこの?」って聞いたら、「ダンヒルです」って。あいつがまだ20歳そこそこのころです。「こいつ、ちょっと変わっているな」と思いましたね(笑)。

平田が結婚したときは、僕が選手会長だったということもあり、披露宴でスピーチをしました。当時の平田はまだ練習嫌いで、甘いところがあるようにも見えたので、「結婚しても、家にダラダラいるんじゃなくて、球場に来てパッと仕事モードに切りかえることができる選手になってほしい」という内容を、遠回しにスピーチした記憶があります。

僕は今の平田と同じ28歳のころが、いちばん練習をしていて、ケチョンケチョンに揉《も》まれていたときでした。でも、この時期に追い込んでいれば、まだまだ成長できる。伸びしろを大きく広げられる年齢だと思うんですね。今やっておけば、あと10年、15年と、寿命の長い選手になれる。だから、もう少し自分に厳しくやってもいいんじゃないかなと思います。もちろん練習をしていないとは言いませんが、中堅どころだからといって老け込むのは良くない。今伸びなかったら、あとは衰えていく一方なので、もうひと頑張りしてほしいです。

キャプテンにもなって、チームを引っ張っていく部分で責任が1つ増えましたから、自分自身にもプレッシャーがかかっていると思います。いい形で乗りきって、キャプテンを何年も続けられるようになってほしい。そして、チームの顔としてアピールしながら、まだまだ大きくなってほしいです。でも、金のネックレスは目立ちすぎじゃないかな?(笑)。

あとがき

本書をご覧になった読者のみなさま、内容に少し驚かれたのではないでしょうか。プロ野球選手の本なのに、野球以外のスポーツやゲーム、マンガなど趣味や遊びの話がひんぱんに入っています。子どものころから日夜厳しい練習に明け暮れ、努力を実らせる形でプロ野球選手になった人たちとは、僕は少々毛色が違うのかもしれません。

もちろん、僕も真剣に気持ちを入れて野球に取り組んできました。しかし、趣味から得た経験が野球に生かされていることも多々あると考えています。例えば、現在、日々出してもらっている球団スコアラーからのデータ。細かい数字を見ただけで拒否反応を示す選手もいますが、僕は子どものころから野球ゲームのデータに馴染《なじ》んでいたため、違和感なく、情報として活用できています。また、ゲームで培《つちか》った判断力や心理戦のかけひきなどが「勝負強さ」などに、少しはつながっているでしょう……。

なんて、多少無理があるかもしれないですが、野球以外のすべての要素も含めて、今の平田良介というプロ野球選手が成り立っていると思っていただけたら幸いです。

高校時代にセンターを守っていたときは、シングルヒットで一塁をオーバーランした打者走者が背中を向けてゆるりと帰塁する瞬間を狙《ねら》って、一塁へブワーッと送球して刺すプレーを何度も成功させました。こうした遊び心は、プロになった今も変わっていません。隙《すき》あらば、なにか面白いことをして、見ている人を驚かせたい！

僕は、そんな「永遠の野球少年」でい続けたいと思っています。

最後になりましたが、本書の出版に際してご協力いただいた、荒木雅博さん、森野将彦さん、大島洋平さん、大野雄大、亀澤恭平、高橋周平、ありがとうございました。特別メッセージを寄せてくれたドアラにもお礼を言いたいです。でも、また、ちょっかいを出してきたら、やり返しますけどね(笑)。これからは今まで以上に明るく盛り上げていくので、ドアラも今までどおり微妙なキャラを「自然体」で頼むで！

そして、中日ドラゴンズ、廣済堂出版の関係者のみなさまをはじめとするご尽力いただきましたすべての方々に対して、心より御礼申し上げます。

2016年5月

平田良介

Dragons

RYOSUKE HIRATA

盗塁	盗塁刺	犠打	犠飛	四球	死球	三振	併殺打	打率	出塁率	長打率
0	0	0	0	0	0	1	0	.000	.000	.000
0	1	0	0	0	1	4	0	.333	.385	.333
0	1	5	2	6	1	25	4	.268	.311	.330
0	0	0	1	8	1	19	2	.271	.337	.494
0	0	0	0	0	0	4	0	.083	.083	.083
1	2	7	0	38	1	72	10	.255	.333	.436
1	0	1	2	28(1)	1	59	9	.216	.290	.361
1	2	1	1	41(1)	4	54	13	.289	.366	.488
7	2	0	4	54	1	65	13	.277	.357	.399
11	7	1	0	64(1)	3	86	5	.283	.369	.430
21	15	15	10	239(3)	13	389	56	.267	.345	.421

〈表彰〉

- **月間MVP**：1回（2011年６月）
- **月間サヨナラ賞**：１回（2015年３・４月）
- **ベストナイン**：１回（2015年／外野手）

〈個人記録〉

- **初出場**　2006年８月26日、対横浜12回戦（ナゴヤドーム）、９回裏に代打として出場
- **初打席**　同上、木塚敦志《きづかあつし》からサードゴロ
- **初先発出場**　2007年10月４日、対広島24回戦（ナゴヤドーム）、７番センターとして先発出場
- **初打点**　同上、11回裏に林昌樹《はやしまさき》から押し出し死球
- **初安打**　2007年10月６日、対東京ヤクルト24回戦（神宮球場）、１回表に松井光介からライト前２点タイムリー
- **初本塁打**　2008年９月７日、対横浜17回戦（ナゴヤドーム）、９回裏に代打として出場、横山道哉《ゆきや》からライト越えサヨナラソロ
- **初盗塁**　2011年８月18日、対巨人12回戦（ナゴヤドーム）、７回裏に二盗（投手・アルバラデホ、捕手・阿部慎之助）
- **２試合連続サヨナラホームラン**　史上８人目（最多タイ）
  2011年６月４日、対埼玉西武４回戦（ナゴヤゴーム）、11回裏に野上亮磨《のがみりょうま》からセンター越えソロ
  2011年６月５日、対千葉ロッテ３回戦（ナゴヤドーム）、９回裏に薮田安彦《やぶたやすひこ》からライト越えソロ

Results 年度別成績ほか

◉平田良介 年度別打撃成績（一軍） ※カッコ内は故意四球（敬遠）

年度	チーム	試合	打席	打数	得点	安打	二塁打	三塁打	本塁打	塁打	打点
2006	中日	2	2	2	0	0	0	0	0	0	0
2007	中日	3	13	12	1	4	0	0	0	4	3
2008	中日	59	111	97	9	26	3	0	1	32	9
2009	中日	42	95	85	13	23	7	3	2	42	9
2010	中日	6	12	12	0	1	0	0	0	1	0
2011	中日	113	376	330	39	84	15	6	11	144	38
2012	中日	91	301	269	28	58	4	1	11	97	32
2013	中日	118	414	367	54	106	22	3	15	179	55
2014	中日	119	488	429	55	119	17	1	11	171	65
2015	中日	130	559	491	76	139	27	3	13	211	53
通算		683	2371	2094	275	560	95	17	64	881	264

◉年度別守備成績（一軍） ※太字はリーグ最高

外野

年度	試合	刺殺	補殺	失策	併殺	守備率
2007	3	3	0	0	0	1.000
2008	35	39	1	1	0	.976
2009	28	41	0	0	0	1.000
2010	3	3	0	0	0	1.000
2011	109	181	8	0	1	**1.000**
2012	87	175	4	0	0	.982
2013	108	209	5	2	1	.991
2014	115	268	**9**	1	1	.996
2015	128	234	6	1	1	.996
通算	616	1153	33	5	4	.996

#6

RYOSUKE HIRATA

平田良介 メッセージBOOK
―自然体主義―

RYOSUKE HIRATA MESSAGE BOOK

2016年6月15日　第1版第1刷

著者……………………平田良介

協力……………………株式会社中日ドラゴンズ
企画・プロデュース…寺﨑敦（株式会社 no.1）
構成……………………キビタキビオ
撮影……………………石川耕三
ブックデザイン………坂野公一（welle design）
DTP……………………株式会社 三協美術
編集協力　　　　　　長岡伸治（株式会社プリンシパル）
　　　　　　　　　　根本明　松本恵
編集……………………岩崎隆宏（廣済堂出版）

発行者…………………後藤高志
発行所…………………株式会社 廣済堂出版
〒104-0061 東京都中央区銀座3-7-6
電話　編集 03-6703-0964／販売 03-6703-0962
FAX　販売 03-6703-0963
振替　00180-0-164137
URL　http://www.kosaido-pub.co.jp
印刷所・製本所………株式会社 廣済堂

ISBN978-4-331-52027-7 C0075